Gina Lazenby

INNENEINRICHTUNG NACH FENG SHUI

Östliche Weisheit für westliches Wohnen

Mit vielen praktischen Wohnbeispielen

Vorwort von William Spear

CALLWEY

Emily Dickinson
FRIDA KAHLO een vrouw

Für Barbara und Geoffrey, meine geliebten Eltern, die mir durch ihr Beispiel die Wertschätzung des eigenen, ordentlichen Heimes für immer ans Herz gelegt haben.

Die Originalausgabe erschien 1998 unter dem Titel „The Feng Shui House Book – a new Approach to Interior Design" bei Conran Octopus Limited, 2-4, Heron Quays, London E14 4JP

Übersetzung aus dem Englischen von Wiebke Krabbe, Damlos

Die Deutsche Bibliothek – CIP-Einheitsaufnahme
Inneneinrichtung nach Feng Shui : östliche Weisheit für westliches Wohnen ; mit vielen praktischen Wohnbeispielen / Gina Lazenby.
Übers. aus dem Engl. von Wiebke Krabbe. Vorw. von William Spear. – München : Callwey, 1999
Einheitssacht.: The Feng Shui house book <dt.>
ISBN 3-7667-1344-2

Lektorat: Suzannah Gough, Jenna Jarman, Gillian Haslam
Herausgeber: Sarah Sears, Emma Callery
Art director: Karen Bowen
Bildrecherche: Jessica Walton
Fotos: Bill Batten
Stylist: Arabella McNie
Produktion: Julian Deeming

Umschlaggestaltung: Bernd Wegener, Berlin unter Verwendung der Abbildungen Seite 70 (rechts), Seite 124 und 125
Satz: Fotosatz Buck, Kumhausen
Printed in China 1999
ISBN 3-7667-1344-2

INHALT

VORWORT

von William Spear

In unserer modernen, schnellebigen Welt geht vieles von dem verloren, was für uns Menschen wichtig ist. Werte wie Schönheit, Wahrheit, Vertrauen und Natürlichkeit werden tagtäglich in Frage gestellt. Viele Menschen empfinden ihr Zuhause als einzigen intakten Rückzugsort, es ist ihnen Heimstätte, sicherer Hafen, fast schon heilig. Um aber aus einem Haus ein Zuhause zu machen, braucht es mehr als einen guten Raumausstatter.

Über den Wandel von Stil und Zeitgeist in der Innenarchitektur ist viel geschrieben und noch mehr diskutiert worden. Doch welches sind die Grundprinzipien, auf denen die Beziehung der Menschen zu ihrem Zuhause aufbaut und die vom Wandel der Zeit unberührt bleiben? Welche Ideen und Maßnahmen bewirken mehr als ein frischer Anstrich?

Die Kreativität ist ein wunderbarer Ausdruck der menschlichen Natur. Maler oder Schriftsteller werden häufig miteinander verglichen. Dabei versucht doch jeder Kreative, in seinem Ausdruck einzigartig und unverwechselbar zu sein. Auch in diesem Buch soll keineswegs bereits Vorhandenes neu geordnet werden. Zuerst wird Leere geschaffen. Wo immer unser Geist leere Räume findet, benutzt er die freigesetzte Kreativität, um sie zu füllen. Wenn ein Maler oder Schriftsteller gründlich aufräumt, kommen oft ungeahnte Schätze zutage. Im Bereich der Inneneinrichtung finden sich nur wenige Autoren, deren Kreativität über die Seiten ihrer Bücher hinausreicht. Gina Lazenby gehört zu diesen wenigen.

Manche ihrer Gedanken werden Ihnen bekannt vorkommen: dies sind universale Grundprinzipien des Wohnens. Sie werden erkennen, daß dauerhafte Veränderungen von innen kommen und in der Tiefe unserer Seele entstehen. Auch wenn auf den ersten Blick nur wenig von den tiefgreifenden Veränderungen spürbar scheint, die dieses Buch auslöst: bei näherem Hinsehen werden Sie sie erkennen. Es ist die philosophische Dimension, die dieses Buch von anderen unterscheidet. Das Geschick, das Gina Lazenby in der Präsentation ihrer Gedanken beweist, hat eine Wirkung, der man sich nicht entziehen kann. Als meine Schülerin, Kollegin und Freundin hat sie einen sehr persönlichen Stil entwickelt, in dem immer der Prozeß der persönlichen Veränderung als Ursache und Zentrum kreativer, äußerer Veränderung gesehen wird. Hat sie sich mit ihrer Arbeit in früheren Jahren schon großen Respekt verdient, so wird sie mit diesem Buch auch zu einer anerkennenswerten Autorin und Lehrerin. Das Buch ist in seiner eleganten Schlichtheit ein Geschenk, das man würdigen muß.

Gehen Sie nun auf eine Reise in die Tiefen Ihres Bewußtseins, Ihrer innersten Überzeugungen und Ihrer subjektiven Wahrnehmung. Finden Sie dort Impulse für ein schöneres Leben, mehr Harmonie in der Partnerschaft und neuen Glauben an das geheimnisvolle Wunder unseres Lebens. Denn dies bedeutet „sich einrichten" im eigentlichen Sinne. Mögen Sie diesen seelischen Reichtum genießen!

OBEN Umgeben Sie sich mit Dingen, die Sie mögen und die für Sie eine persönliche Bedeutung haben. Frische Blumen und Pflanzen strahlen Lebendigkeit aus. Wann immer Sie sie ansehen, erhalten Sie einen positiven, belebenden Impuls, der Ihnen neue Energie gibt. Unnütz herumstehende Gegenstände und Spuren unerledigter Arbeiten dagegen entziehen Ihnen Energien.

RECHTS Ein Platz, an dem man sitzt oder sich ausruht, dient dazu, Energie zu sammeln. Je länger man dort bleibt, um so größer die Wirkung. Wer zum Essen einen ruhigen, entspannenden Rahmen schafft, wird auch aus den Mahlzeiten mehr als körperliche Nahrung ziehen. Dieser Raum enthält nur wenige Dekorationen, die beim Speisen die Aufmerksamkeit ablenken könnten. Tisch, Dekoration und Leuchter sind rund. Sie bilden einen gemeinsamen Mittelpunkt, um den herum sich Menschen versammeln können. Die frischen Blumen und der Ausblick auf den Garten geben dem Raum Lebendigkeit. Im Winter wird die Stimmung durch Vorhänge vor den Terrassentüren behaglicher.

EINFÜHRUNG

Was ist Feng Shui?

Feng Shui beschäftigt sich mit der Wirkung, die unsere Wohn- und Arbeitsumgebung auf unser körperliches und geistiges Wohlbefinden hat. Wir fühlen uns an unterschiedlichen Orten ganz verschieden. Das Tageslicht, das durch die Fenster fällt, die Farbe der Wände, die Art der Stühle, der Stil der Bilder und Dekorationen, die An- oder Abwesenheit von Pflanzen – solche Aspekte beeinflussen unsere Befindlichkeit.

Feng Shui untersucht die Gesetzmäßigkeiten von Energieströmen und ihre Auswirkungen auf alle Aspekte unseres Lebens. Die Quantenphysik hat bewiesen, daß Materie, ganz gleich, wie massiv und solide sie sich anfühlt, eigentlich nur aus schwingender Energie besteht. Auch die leeren Räume um uns herum, in denen wir nichts sehen, sind voller Energie. Diese unsichtbare Energie, die unser Wohlbefinden ebenso beeinflußt wie das Sichtbare, ist Gegenstand des Feng Shui.

Stellen Sie sich vor, Sie kommen in einen Raum, in dem gerade heftig gestritten wurde. Sie können die Spannung spüren, etwas Unsichtbares hängt schwer im Raum. Hochtechnisches Gerät ist entwickelt worden, um solche minimalen Energieströme zu messen. Ein Lügendetektor ist zum Beispiel in der Lage, kaum wahrnehmbare Veränderungen von Strömen und Energiefeldern im menschlichen Körper aufzuzeichnen.

Feng Shui hilft uns zu verstehen, daß unsere Wohnungen Spiegel unseres Wesens sind. Im Lebensumfeld eines jeden Menschen findet man zahlreiche Spuren und Symbole seiner Vergangenheit, seiner Gedanken, Träume und Vorlieben. Wer die Richtung seines Lebens ändern oder seine Lebensqualität verbessern möchte, muß zuerst verstehen, wie sehr all diese Dinge ineinandergreifen. Wer seine Zukunft neu definieren und seine Wünsche verwirklichen möchte, muß auch zu Hause die Weichen dafür stellen. In diesem Buch werden Sie erfahren, wie Änderungen in Ihrem häuslichen Umfeld durch Beeinflussung der Energieströme Veränderungen in gesundheitlicher, zwischenmenschlicher oder materieller Hinsicht für Ihr Leben mit sich bringen.

LINKS Bei gegenüberliegenden Türen fließt die Energie (Ch'i) durch den Raum, ohne zu verharren und davon etwas dazulassen. Der Raum fühlt sich nicht wirklich behaglich an, weil der Bereich zwischen den Türen wie ein Flur wirkt. Liegen die Eingangs- und Hintertüre eines Hauses einander gegenüber, sind die Auswirkungen gravierender, denn Glück und Wohlstand kommen zwar durch die Eingangstür ins Haus, werden jedoch auf direktem Wege wieder hinausgeleitet. Bremsen Sie den Fluß des Ch'i durch Windspiele an der Decke oder Pflanzen auf dem Fußboden.

RECHTS Räume mit einem einzigen Zugang lassen das Ch'i herein und durch dieselbe Tür wieder heraus. Weil es keinen anderen Ausgang gibt, kann keine Energie entweichen. Die Atmosphäre in solchen Räumen ist sehr beruhigend. Wohnt aber nie jemand darin, ist der Raum mit Möbeln vollgestellt oder stört die Anordnung des Mobiliars den Energiefluß, kann das Ch'i zum Stillstand kommen.

LINKS Türen sind wie Münder, durch die ein Raum Ch'i einatmet. Durch die Fenster dagegen entweicht diese Energie. Je größer die Glasfläche, um so mehr Energie kann verlorengehen. Zudem wird die Aufmerksamkeit der Menschen nach draußen gelenkt. Die Ausgewogenheit zwischen einer schönen und einer zu dominanten Aussicht ist darum wichtig. Pflanzen oder Dekorationen auf der Fensterbank bremsen den Energiestrom, gleichzeitig halten sie den Blick im Raum fest.

Sinn und Ziel des Feng Shui ist es, einen Raum so zu gestalten, daß die Energie oder das Ch'i ihn harmonisch schwingend durchströmen kann. Erst dann fühlt sich ein Raum ausgewogen an. Energie bewegt sich in Wellen oder Spiralen. Wir Menschen fühlen uns wohler, wenn wir unsere Umgebung so gestalten, daß Energie ihrer Natur gemäß fließen kann. Ein gleichmäßiger, sanfter Energiestrom gibt uns das Gefühl der Entspanntheit. Gerade Linien, rechte Winkel und scharfe Kanten dagegen entsprechen weder den natürlichen Bewegungsabläufen des Menschen noch dem natürlichen Fluß des Ch'i: sie erzeugen Unbehagen.

Wir alle zeigen unsere ganz persönliche Beziehung zu unserer nächsten Umgebung, indem wir sie gestalten. Feng Shui lehrt uns bestimmte Grundprinzipien des Einrichtens. Gutes Feng Shui bedeutet zudem, ein Zuhause zu schaffen, das nicht nur dem Wesen der Bewohner, sondern auch ihren Bedürfnissen gerecht wird. Natürlich ist die zentrale Frage, welchem Zweck das Zuhause dienen soll. Wollen Sie Ihre Kinder darin großziehen, Ihrem Beruf nachgehen oder eine partnerschaftliche Beziehung beginnen?

Woher kommt Feng Shui?

Der Name läßt erkennen, daß Feng Shui aus Asien stammt. Es ist eine Kunst, die in China schon seit ältesten Zeiten bekannt ist. Die Chinesen haben eine recht konkrete Vorstellung von den unsichtbaren Energieströmen, die allen Dingen zugrunde liegen. Ihre Beobachtungen und ihr Wissen finden Ausdruck im I Ging, einem differenzierten, uralten Wahrsagebuch, das aus 64 Hexagrammen aus durchgehenden und unterbrochenen Linien besteht und in dem das Wesen aller Dinge erfaßt ist. Das I Ging gilt als Basis des „chinesischen Denkens" und der östlichen Weisheiten, zu denen auch Feng Shui gehört.

Dennoch kann Feng Shui auch außerhalb des Fernen Ostens angewendet werden. Überall auf der Welt haben sich die Menschen Gedanken über die Beziehung zwischen dem irdischen Leben und den himmlischen oder sphärischen Kräften gemacht. Sie haben den Wechsel der Jahreszeiten und die Bahnen der Planeten beobachtet und sie haben aus diesen Beobachtungen Rückschlüsse darauf gezogen, wie unterschiedliche Orte und Umgebungen das Wohlbefinden und das Glück eines Menschen beeinflussen können.

Die Feng Shui-Kundigen fertigten Aufzeichnungen über ihr Verständnis der Welt und ordneten ihr Wissen in Form von Karten und Tabellen. So entwickelten sich im Lauf der Zeit verschiedene „Schulen" des Feng Shui. Die *Formschule* analysierte systematisch Informationen aus Landschaftsform und -gestalt, während die *Kompaßschule* Daten über astrologische Einflüsse sammelte und auswertete.

Das klassische Feng Shui vereint Aspekte beider Richtungen. Es ist noch heute sehr lebendig, weil es auf einen großen Schatz von uralten chinesischen Aufzeichnungen zurückgreifen kann. Ursprünglich bezog sich Feng Shui auf intuitive Entscheidungen, quasi „aus dem Bauch heraus". Das klassische Feng Shui beschäftigte sich hingegen mehr mit dem Verstand der Menschen, es war viel wissenschaftlicher und untersuchte mit Hilfe komplexer Berechnungen die Energieströme in den verschiedenen Lebensbereichen. Dieses Buch soll Ihnen helfen herauszufinden, wie eine Wohnumgebung beschaffen sein muß, die Ihnen guttut.

OBEN Es kann auf die Dauer ungünstig sein, am Schreibtisch unter einem Balken zu sitzen. Der gleichmäßige Energiefluß über dem Kopf wird durch das von oben herabstrahlende Energiefeld gestört. Je nach Allgemeinzustand, Gesundheit und persönlichem Energiehaushalt des betroffenen Menschen kann dieser Zustand über längere Zeit Kraft kosten. Sensible Menschen bekommen in solchen Fällen Kopfschmerzen, bei anderen wird das Immunsystem geschwächt. Wieder andere können mit dieser bedrohlich über ihrem Kopf schwebenden Kraft nicht klar denken.

Was hat Feng Shui in unserer Zeit zu bieten?

Unsere westliche Kultur ist ferngesteuert. Wir sind eine Instant-Gesellschaft, die auf Knopfdruck funktioniert und vom technischen Fortschritt bestimmt wird. So entfernen wir uns immer weiter von der Natur, umgeben uns mit künstlichen Dingen und setzen uns zunehmenden Umweltbelastungen und Giften aus – selbst über unsere tägliche Nahrung. Wir bauen Häuser, die nicht atmen können und von elektromagnetischen Feldern umgeben sind, mit dem Ergebnis, daß in solch „ungesunden" Gebäuden unsere Lebensenergie schnell schwindet.

Die moderne Technik hat zweifellos viele Vorteile. Sie hat aber auch einen Lebensstil nach sich gezogen, der nicht mehr im Einklang mit der Natur ist und Auswirkungen auf unsere Umwelt und unser Wohlbefinden selten beachtet. Viele Probleme, vor denen wir heute stehen, existierten vor tausend Jahren nicht. Elektrizität ist eine wichtige Energiequelle, doch wer sich achtlos in einem starken Kraftfeld aufhält, leidet unter ihr. Immer mehr Tunnel und Rohre werden unter der Erde gezogen, für Wasser, Kommunikations- und Fortbewegungssysteme. Die Oberfläche der Erde trägt Narben von Straßen und Gebäuden, und die so hervorgerufene Störung der natürlichen Erdstrahlung belastet den Menschen sehr. Unsere Vorfahren lebten nach den Gesetzen, die ihre natürliche Umwelt ihnen vorgab. Heute, an der Schwelle zum einundzwanzigsten Jahrhundert, fühlen viele Menschen einen instinktiven Wunsch, wieder zu einem natürlichen Leben zurückzukehren. Wir suchen Wege, unser Leben zu vereinfachen, ohne auf den zeitgemäßen Komfort zu verzichten. Dabei können wir von traditionellen Lebensphilosophien viel lernen.

Untersuchungen haben ergeben, daß die Menschen heute seltener Besuch nach Hause einladen als noch in den 80er Jahren. Die Werte haben sich verändert. Zuflucht, Erholung, Geborgenheit und Ruhe sind heute Schlüsselworte. Zuhause, das ist der Ort, an dem wir uns vor der Welt draußen sicher fühlen, wo wir uns hinter dem Anrufbeantworter gegen Eindringlinge verschanzen können. Die Menschen beginnen zu verstehen, daß sie ihr Leben nur ändern können, wenn sie auch ihre Umgebung ändern. Genau diese Beziehung zwischen dem Leben einer Person und ihrer direkten Umgebung ist der Kern des Feng Shui.

Zunächst müssen wir unsere Räume entrümpeln und Platz schaffen, wo Energie fließen und sich Neues entwickeln kann. Erst wenn wir uns der Dinge um uns herum und ihrer Wirkung auf unser Leben bewußt werden, können wir Entscheidungen über Veränderungen treffen. Dadurch können wir lernen, unsere Umgebung so zu gestalten, daß sie uns beim Erreichen unserer Ziele unterstützt. Dieses Buch kann der Anfang einer neuen und aufregenden Veränderung sein, wobei Sie lernen, Ihr Zuhause als Teil Ihrer Zukunft zu verstehen.

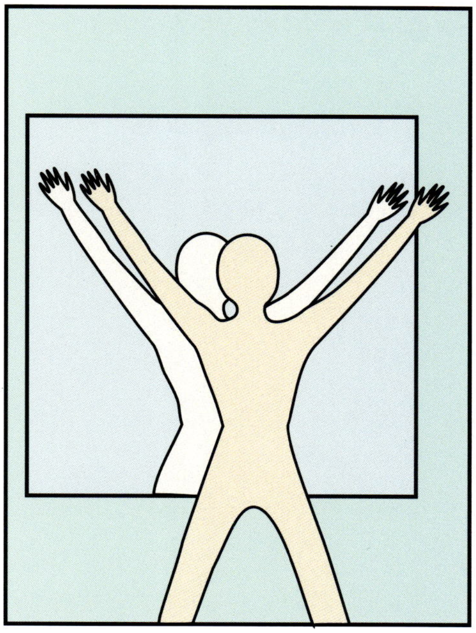

UNTEN Spiegel haben eine starke Wirkung. Selbst wenn Sie schlafen, sind Sie davon betroffen, weil ein Spiegel Energien im Raum einfängt, bündelt, reflektiert und unter Umständen umlenkt. Im Schlaf verarbeitet der Geist die Informationen und Ereignisse des vergangenen Tages, der Körper soll sich von den Belastungen durch synthetische Nahrung, piepsende Mobiltelefone, Strahlung von Mikrowellenherden und elektromagnetischen Feldern erholen. Spiegel gegenüber dem Bett stören die Erholung. Entfernen Sie einen solchen Spiegel oder verdecken Sie ihn nachts: Sie werden feststellen, daß Sie am Morgen viel erfrischter aufwachen.

OBEN Betrachten Sie sich im Spiegel, um sicn genau kennenzulernen. Diese Begegnung mit sich selbst als erste Handlung am Morgen und als letzte am Abend hat große Kraft. Sie fördert die kritische Selbstwahrnehmung, wenn wir uns für die Nacht vorbereiten oder aus der Traumwelt in den neuen Tag hinübertreten, wenn wir also nackt, ungeschminkt und sehr verletzbar sind.

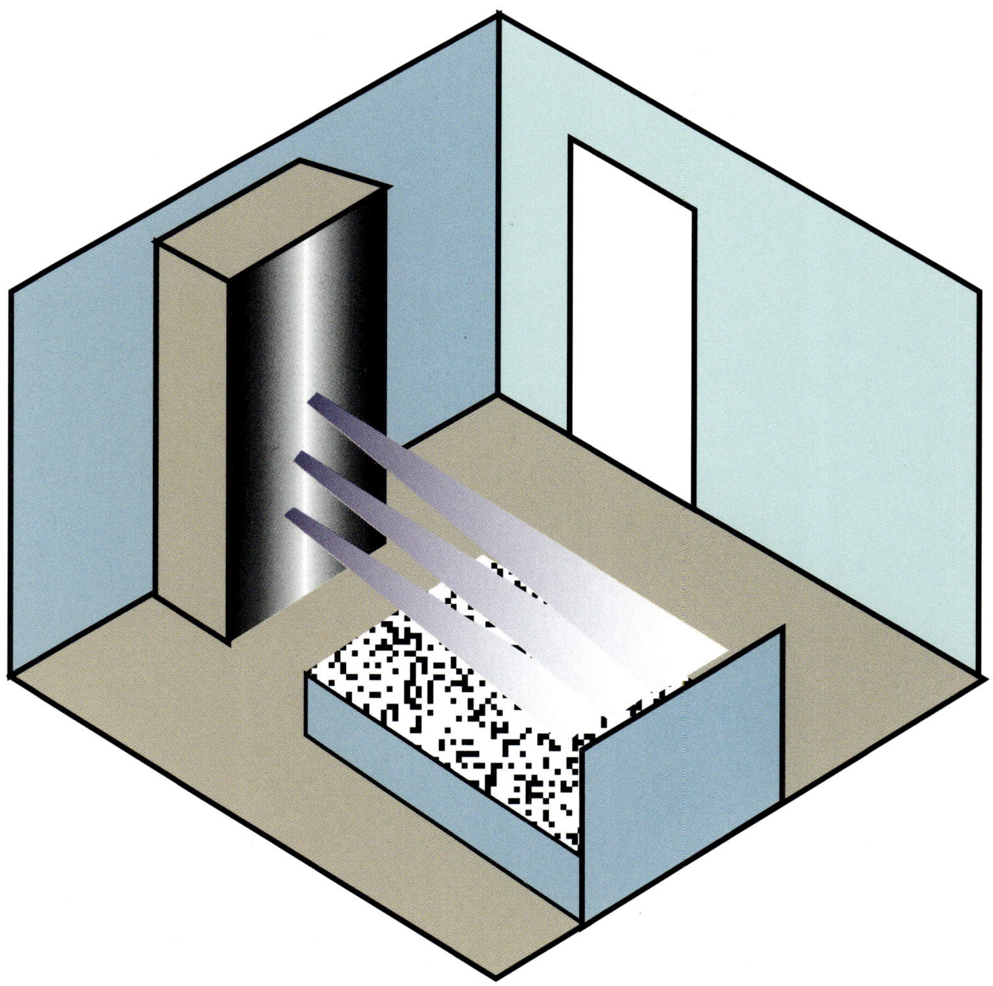

BAUSTEINE

Wasser Erde Donner Wind Tai Ch'i Himmel See Berg Feuer

DES WOHNENS

FEUER
Ruhm
9
ERDE
Beziehungen
2
SEE
Kreativität
7
HIMMEL
hilfreiche Menschen
6
WASSER
Reise
1
BERG
Wissen
8
DONNER
Eltern
3
WIND
Reichtum
4
TAI CH'I
Gesundheit
5

DAS BAGUA

Das Bagua erfaßt schematisch die Energieströme in einem bestimmten Bereich. Es ist in neun Felder aufgeteilt, die auf den Grundriß eines Grundstücks, eines Hauses, einer Wohnung oder auch eines Raumes projiziert werden können.

LINKS Das Bagua ist eine uralte Karte, die den Menschen die Energieströme der unsichtbaren Welt verdeutlichen soll. Wer sie versteht, der hält den Schlüssel für positive Veränderungen seines Lebens in Händen. Sobald Sie das Bagua auf einen Raum Ihres Hauses projizieren, werden Sie erkennen, was in diesem Moment dort vor sich geht.

Wenn Sie in einem Gebäude mit ebenmäßiger Kontur leben, dem kein Bereich des Bagua fehlt, so prüfen Sie in jedem einzelnen Bereich, ob Faktoren der Einrichtung oder der Ordnung und Sauberkeit das Wohlbehagen stören könnten. Entdecken Sie im Raum ein konkretes Problem, so zeigt Ihnen das Bagua, welcher Bereich Ihres Lebens mit diesem Teil des Raumes korrespondiert. Ist beispielsweise ein unbenutzter Raum mit allerlei ausrangiertem Gerümpel vollgestellt und liegt dieser Raum im Feld des Windes (4), wird Ihre finanzielle Situation höchstwahrscheinlich festgefahren sein.

Wenn Sie in einem Mietshaus wohnen, beginnt Ihr Bagua an der Eingangstür, also dort, wo Ihr persönlicher Bereich beginnt. Haben Sie ein einzelnes Zimmer gemietet, so ist es Teil des Bagua des gesamten Hauses. Aber auch das Bagua des einzelnen Raumes, den Sie persönlich bewohnen, hat eine spürbare Wirkung.

Jedem der neun Felder oder „Häuser" des Bagua sind bestimmte Charakteristika zugeordnet, die Aufschluß darüber geben, was sich in Ihrem Leben ereignet und wie sich dies in Form und Einrichtung Ihrer Wohnung widerspiegelt. Jahrtausendelang hat man beobachtet, daß sich die Energie in einem Raum nach vorhersehbaren Gesetzmäßigkeiten bewegt. Strömt die unsichtbare Energie in das Feld „Erde" (2), kann sie Einfluß auf zwischenmenschliche Beziehungen nehmen. In ähnlicher Weise können Störungen des Energieflusses im Feld „Wind" (4) den Erfolg und die finanzielle Situation des Bewohners stören. Jedes Haus des Bagua umfaßt viele Aspekte. So ist jedem der Name eines der Trigramme aus dem I Ging sowie eine der Zahlen von eins bis neun zugeordnet.

Das Bagua wird immer an der Eingangstür eines Hauses oder an der wichtigsten Tür eines Raumes ausgerichtet, selbst dann, wenn Sie die Eingangstür nur selten benutzen und das Haus in der Regel durch die Hintertür betreten. Die Hintertür gilt nur dann als Eingang, wenn die eigentliche Haustür tatsächlich niemals geöffnet wird. Zeichnen Sie das Schema des Bagua so auf den Grundriß Ihres Hauses oder Raumes, daß die Tür im Bereich der Felder 8, 1 oder 6 liegt.

Die größte Bedeutung hat das Bagua für das Erdgeschoß, doch auch auf andere Stockwerke läßt es sich anwenden. In diesem Fall betrachten Sie die letzte Stufe der Treppe als Eingang und ziehen das Bagua von dort aus zur Außenwand des Hauses. Das Bagua kann ebenso auf einen einzelnen Raum angewandt werden, und auch ein Durchgang ohne Türblatt kann als Eingang fungieren. Wenn ein Raum mehrere Türen hat, gilt diejenige als Eingang, die am häufigsten benutzt wird. So kann beispielsweise die Tür von der Küche ins Eßzimmer mehr Bedeutung haben als die aus dem Wohnzimmer.

Wenn Sie Ihr Heim analysieren wollen, legen Sie das Bagua über das Erdgeschoß. Falls bestimmte Felder fehlen, so überlegen Sie, welche Auswirkungen das auf ihr momentanes Leben hat. Fehlt das Haus „Beziehungen/Erde" (2) ganz, könnte dies ein Grund für Unstimmigkeiten in diesem Lebensbereich sein. Möchten Sie Ihre Einrichtung verbessern, um dadurch Änderungen in Ihrem Leben zu unterstützen, betrachten Sie jeden Raum Ihres Hauses oder Ihrer Wohnung unter den Aspekten des Bagua. Möchten Sie beispielsweise Ihre Kreativität stärker entfalten, so prüfen Sie in jedem Raum und in jedem Stockwerk den Bereich „See" (7).

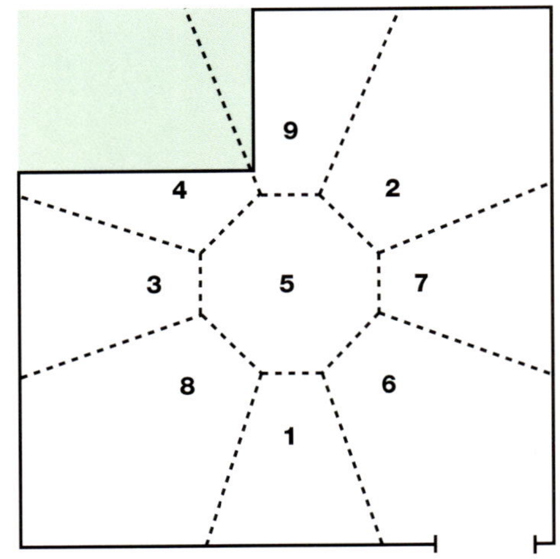

Das Bagua kann gestreckt werden, um auch rechteckige und unregelmäßig geformte Räume zu erfassen. Wenn Sie das Schema auf einen Grundriß projizieren, werden Sie schnell erkennen, wo Bereiche fehlen oder erweitert sind. Nimmt ein Anbau mehr als die Hälfte der gesamten Raum- oder Hausbreite ein, so gilt er als fehlender Bereich. Ist er schmaler, wird er als Vorsprung verstanden. Das bedeutet, daß der hier angesiedelte Aspekt des Bagua ein besonders großes Gewicht hat. Erkerfenster beispielsweise sind kleine Vorsprünge.

Unregelmäßige Grundrisse mit fehlenden Bereichen sind weder negativ, noch schwierig zu gestalten. Lernen Sie die Möglichkeiten kennen, mit denen Sie die neun „Häuser" anpasen und ergänzen können, und Sie werden entdecken, was für ein Potential in Ihrem Zuhause steckt.

Feng Shui-Fragebogen

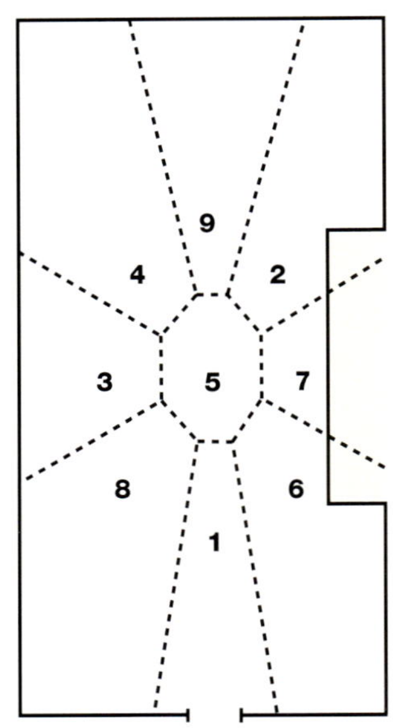

„Was heil ist, muß man nicht flicken." Die Fragen auf den folgenden Seiten sollen Ihnen dabei helfen, die weniger befriedigenden Bereiche Ihres Lebens aufzudecken und in Beziehung zu den Bereichen Ihres Zuhause zu setzen, um zu erkennen, wo Veränderungen möglich sind. Wenn Sie sich rundum wohl fühlen, wäre es unsinnig, Ihr Leben durch größere Umstellungen in Aufruhr zu versetzen. Ihr Zuhause ist ein Spiegel Ihres Lebens. Es macht sichtbar, was in Ihrem Leben geschieht – und was nicht. Auf den folgenden Seiten werden die einzelnen Häuser des Bagua genauer vorgestellt. Zu jedem Haus finden Sie eine Reihe von Fragen zu dem zugehörigen Bereich Ihres Lebens. Nehmen Sie sich die Zeit, Ihre Antworten zu notieren. Vergeben Sie Bewertungen anhand einer Punkteskala von eins bis zehn, wobei eins große Unzufriedenheit und zehn maximale Zufriedenheit bedeutet. Je spontaner Ihre Antwort, um so authentischer ist sie. Notieren Sie sich auch beschreibende Formulierungen, die Ihnen intuitiv einfallen, etwa „sich steif und starr anfühlen", „sich festgefahren haben". Sehen Sie sich dann um, an welchen konkreten Dingen Sie diese Metaphern in Ihrer Umgebung festmachen können.

Die Fragen sollen Ihnen helfen, sich über Ihre Wünsche nach Veränderung klarer zu werden. Durch die Punkteskala können Sie Prioritäten setzen und festlegen, welche Schritte am wichtigsten sind. Beginnen Sie dort, wo Sie die wenigsten Punkte vergeben haben. Niedrige Punktzahlen können darauf hinweisen, daß ein Aspekt des Bagua in Ihrem Zuhause fehlt. Fassen Sie Veränderungen ins Auge, um die Energien harmonischer fließen zu lassen. Gehen Sie langsam vor und vollziehen Sie eine Änderung nur dann, wenn Ihr Gefühl Sie darin bestärkt. Lassen Sie sich Zeit, zu beobachten, ob und wie Ihre Maßnahmen wirken. Wenn Sie nach einem Monat keinen spürbaren Effekt auf Ihr Leben entdecken können, schlagen Sie dieses Buch erneut auf, um weitere Anregungen zu finden.

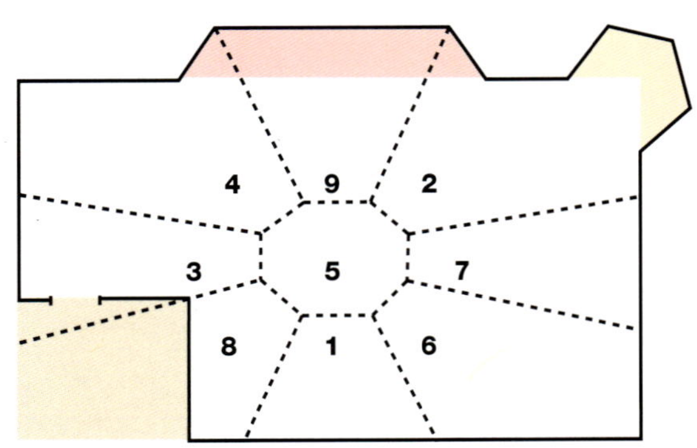

LINKS Keiner dieser Grundrisse muß problematisch sein, nur weil bestimmte Energiebereiche fehlen. Oft wohnt es sich darin sogar interessanter, denn das Potential für Veränderung und unkonventionelle Gestaltung ist wesentlich größer. Die erste Zeichnung zeigt einen Grundriß mit einem Fehlbereich im Haus „Wind/Reichtum" (4). Ein solches Defizit kann dazu führen, daß die Menschen in diesem Haus finanziell weniger erfolgreich sind.

Wer hier korrigierend eingreifen will, muß nicht gleich anbauen. Sonst wären Bewohner von Hochhäusern oder Wohnblocks auch vom Schicksal benachteiligt. Es geht vielmehr darum, den Energiefluß anzuregen, etwa durch Pflanzen, Beleuchtung oder einen Spiegel an der Innenwand, der den Raum optisch in der „fehlenden" Richtung vergrößert. Sogar die Illusion vorhandenen Raums kann Energien freisetzen. Dem Haus „Feuer/Ruhm" (9) fehlt gleichfalls ein kleiner Teil, dessen Energien durch solche Maßnahmen stimuliert werden.

Das Bagua ist sehr flexibel, es kann auch auf langgestreckte Gebäude wie in der mittleren Zeichnung angewendet werden. Ein Fehlbereich findet sich im Haus „See/Kreativität" (7). Wer hier die Energieströmungen verstärken möchte, sollte erdverbundene oder metallene Gegenstände aufstellen (siehe Seite 40–41).

Der dritte Grundriß weist Ausweitungen in den Häusern „Erde/ Beziehungen" (2) und „Feuer/Ruhm" (9) auf, im Haus „Berg/Wissen" (8) dagegen fehlt ein Bereich. Wenn der dem Gebäude fehlende Teil im eigenen Garten liegt, können auch dort korrigierende Maßnahmen sinnvoll sein. Außenlampen, eine Vogeltränke oder attraktive Stauden und Sträucher bewirken einen Zuwachs an Energie, der sich auf das Haus auswirkt.

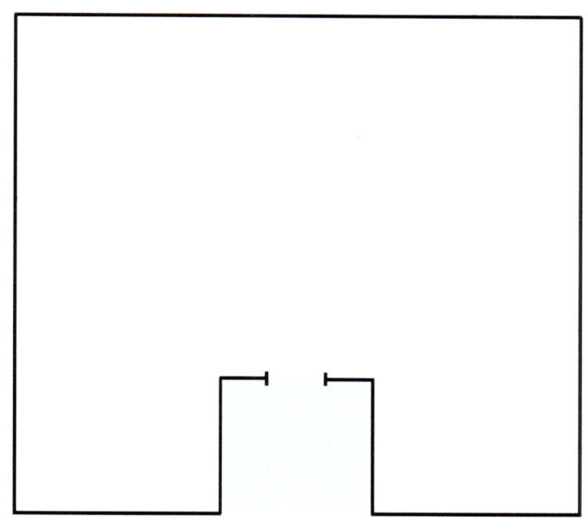

LINKS Der erste Grundriß zeigt einen Fehlbereich im Haus „Erde/Beziehungen" (2), es mangelt also an Energie, die den Erfolg einer Beziehung fördert. Weil dieses Feld des Bagua die stärkste weibliche Prägung hat, leiden Frauen eher unter dem Energiedefizit. Auch Beziehungen verlaufen in solchen Häusern meist nicht spannungsfrei, wenn nicht korrigierende Schritte unternommen werden. Auf Seite 22/23 finden Sie Objekte und Farben, welche die Erde symbolisieren. Um die fehlende Energie auszugleichen, sollte das Beziehungsfeld in allen Räumen des Hauses besonders kultiviert werden.

Im zweiten Grundriß fehlt der Bereich „Wasser/Reise" (1), was der Karriere nicht zuträglich ist. Liegt dieser Eingang in einem Innen- oder Vorhof, der zum Gebäude gehört, so kann er mit Hilfe von Pflanzen und Beleuchtung optisch enger ans Haus gekoppelt werden.

Der dritte Grundriß zeigt einen großen Vorsprung im Haus „Wind/Reichtum" (4). Wer hier wohnt, wird es leichter zu Wohlstand bringen.

Im vierten Grundriß liegt ein Vorsprung im Bereich „Feuer/Ruhm" (9). Die Bewohner werden – je nach Art ihrer Betätigung – berühmt oder berüchtigt sein.

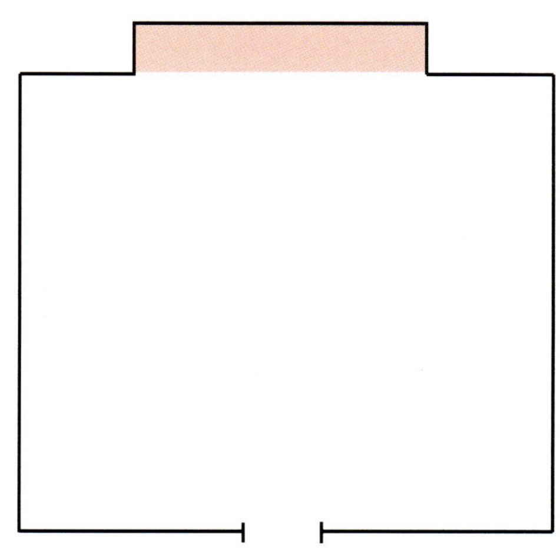

DIE NEUN HÄUSER DES BAGUA

Das erste Haus des Bagua steht im Zeichen des Wassers. Es erinnert an unsere Reise durch das Leben und an das Element, aus dem wir gekommen sind. Darum wird dieses Feld des Bagua auch „die Reise“ genannt. Das Feld bezieht sich nicht nur auf die Karriere und den momentanen Beruf eines Menschen, sondern auch auf die Frage nach dem Sinn unserer Existenz. Tun wir, was wir wirklich möchten, oder verdienen wir nur unseren Lebensunterhalt? Der Strom des Ch'i durch die Welt gleicht einem Fluß. Wenn wir mit unserem Leben insgesamt zufrieden sind, ist also „alles im Fluß“.

Im Haus des Wassers sind Willenskraft und Durchsetzungsvermögen angesiedelt. Da es mit der Himmelsrichtung Norden in Verbindung steht, ist dieses Feld dunkel und kalt. Es bedeutet aber auch Kommunikation, Gefühle und Forscherdrang.

Wenn Ihrer Wohnung dieser Bereich fehlt, werden Sie eventuell Schwierigkeiten haben, Ihrem Leben eine Richtung zu geben. Bewohner solcher Häuser neigen zu Antriebslosigkeit und geringem Ehrgeiz, oft haben Sie auch Schwierigkeiten in der Kommunikation mit anderen. Das Element Wasser kann einen Ausgleich schaffen, etwa ein Aquarium oder auch ein Bild, auf dem bewegtes Wasser dargestellt ist. Das Fließen des Wassers hilft Ihnen, den Fluß im Leben zu finden. Auch bildhafte Darstellungen Ihrer Wünsche und Ziele sind hilfreich. Haben Sie Ihren Weg noch nicht gefunden, wählen Sie Bilder mit Straßen oder Wegen als Symbol des Vorankommens. Historische Landkarten beispielsweise tragen diese Symbolik auf dekorative Weise. Auch die Farbe Blau hat unterstützende Wirkung. In diesem Feld Ihrer Wohnung verstärkt sie den Energiefluß und hilft Ihnen, Ihre wirklichen Ziele zu entdecken.

Der Weg des Wassers hat eine klare Richtung. Eine Treppe in diesem Bereich ist darum ungünstig, weil der Energiestrom zu stark auf und ab schwankt. Wenn der Eingang des Hauses in diesem Bereich liegt: Gibt es dort mehrere Türen, durch die Sie gehen können? Zeigt ein Spiegel Ihnen, wo Sie im Leben stehen? Fällt es Ihnen schwer, sich für einen Weg zu entscheiden? Halten Sie die Türen geschlossen, öffnen Sie sie nur bei Bedarf. Liegt die Diele außerhalb Ihrer eigenen Wohnung und dennoch im Feld der „Reise“ – etwa in einem Mietshaus –, dekorieren Sie den Bereich mit einem Bild oder einer Pflanze, um ihn enger mit Ihrer Wohnung zu verknüpfen.

1 Wasser
Reise/Karriere

Bewerten Sie Ihr Zuhause mit Hilfe der folgenden Fragen. Viele negative Antworten deuten auf einen Fehlbereich hin. Wenn in Ihrer Wohnung kein Feld fehlt, prüfen Sie, ob vielleicht gerade dieser Teil in allen Räumen besonders kahl ist.

BESTANDSAUFNAHME

- Sind Sie zufrieden mit dem, was Sie tun?
- Was hindert Sie daran, etwas Neues zu beginnen?
- Erfüllt Sie Ihre Rolle im Leben? Wenn nicht: wissen Sie, was Sie sich wünschen?

Sehen Sie sich diesen Bereich in Ihrem Haus genau an.

Ist er vollgestopft und „verstopft“ damit die Möglichkeiten eines Neubeginns? Liegt hier die Eingangstür? Kann man ungehindert hinein und herausgehen? Funktioniert die Türklingel zuverlässig? Sind Sie schnell an der Tür, wenn das Glück davor steht?

Die Erde verkörpert das Element der Empfänglichkeit, der Offenheit und der Sehnsüchte. Die Energien dieses Bereichs wirken sich vor allem auf die Partnerschaft und – im weiteren Sinne – auf zwischenmenschliche Beziehungen aus, darum wird dieses Feld des Bagua oft auch mit „Ehe" überschrieben. Wenn einer Wohnung dieser Bereich fehlt, kann das der Grund dafür sein, daß der Bewohner alleinstehend ist. Paarbeziehungen in solchen Wohnungen verlaufen oft schwierig.

Um Harmonie und Gleichgewicht in einer Partnerschaft zu erhalten, ist es wichtig, in allen Raumecken zu überprüfen, ob das Beziehungsfeld eventuell fehlt. Die größte Bedeutung kommt dem Feld im Schlafzimmer zu, weil dies der Raum größter partnerschaftlicher Nähe ist. Wenn hier das Beziehungsfeld fehlt, sind ausgleichende Änderungen besonders wichtig. Der Energie in diesem Haus des Bagua ist das weibliche Element zugeordnet. Fehlt das Feld, leiden darum besonders Frauen darunter. Achten Sie darauf, daß in diesem Bereich eines Raumes keine Unordnung entsteht. Betrachten Sie auch die Symbolik Ihrer Bilder:

BESTANDSAUFNAHME

- **Sind Sie glücklich in Ihrer Beziehung?**
- **Führen Sie als Single ein aktives gesellschaftliches Leben?**
- **Verstehen Sie sich gut mit Ihren Arbeitskollegen?**
- **Fühlen Sie sich isoliert?**
- **Steckt Ihre Beziehung gerade in einer Krise?**
- **Haben Sie Auseinandersetzungen mit Ihrem Ex-Partner?**

Wenn Ihre Bilanz ungünstig ausgefallen ist, kontrollieren Sie, ob Ihrer Wohnung oder Ihrem Schlafzimmer das Feld „Beziehungen" fehlt. Vielleicht ist es auch zugestellt oder durch welkende Pflanzen blockiert? Räumen Sie den Bereich gründlich auf und regen Sie seine Energien an, indem Sie auch Symbole der Erdenergie hinzufügen. Ein Detail in Rot bringt die Energie des Feuers ins Spiel und kann alte Leidenschaft neu anfachen.

Sind es einzelne Personen oder harmonierende Paare? Selbst ein Bild mit zwei Blüten kann das Gefühl der Zweisamkeit bestärken. Dieser Bereich sollte auch Fotos und andere Erinnerungen des gemeinsamen Lebens beherbergen. Beleben Sie dieses Feld durch Pflanzen, Beleuchtung, einen Kristall im Fenster, ein ausdrucksvolles Landschaftsbild oder einen Spiegel – ganz nach Ihrem Geschmack.

Das Element Erde wird durch ein offenes, einladendes Wesen charakterisiert. Fließende Linien und weiche Konturen verstärken seine Wirkung, aber auch naturnahe Gegenstände wie Blumen, Pflanzen, Kerzen und Wasser. Selbst Kissen auf dem Bett unterstützen das Element Erde. Die Farbe Gelb steht in der Natur für die Reife und Ernte, sie ist besonders günstig für Dekorationen in diesem Bereich. Möbel und Einrichtungsgegenstände mit harter Linienführung und scharfen Konturen sollten Sie meiden. Versuchen Sie, in diesem Bereich des Raumes eine Ecke einzurichten, die zu Gemeinsamkeit und Nähe einlädt, etwa eine gepolsterte Fensterbank oder zwei bequeme Sessel, die einander gegenüberstehen.

2 Erde
Beziehungen

3 Donner
Eltern

Das dritte Haus des Bagua, der Donner, bezieht sich auf die Familie, die Eltern und die Vorfahren. Besonders in östlichen Kulturen werden die alten Menschen wegen der Weisheit, die sie in einem langen Leben erworben haben, hoch geachtet. Man erweist ihnen Respekt und sucht ihren Rat. Jeder Mensch trägt das geistige Erbe seiner Ahnen ebenso in sich wie ihr genetisches Erbe in seiner DNA. Wie sollen wir entscheiden, wohin unser Weg führen soll, wenn wir nicht wissen, woher wir kommen? Ein Ort in der Wohnung sollte dem Andenken der Familie gewidmet sein – dieses Feld des Bagua, oft auch als „Eltern" bezeichnet, ist das geeignete.

Unordnung, unbenutzte oder sogar defekte Dinge in diesem Bereich eines Raumes sind Sinnbild für Stagnation. Sie können Problemlösungen und einem Neuanfang buchstäblich im Wege stehen. Unvermögen, einem Angehörigen oder guten Freund eine Gedankenlosigkeit oder ein Fehlverhalten zu verzeihen, kann einen massiven Einfluß auf die Zukunft nehmen. Verletzungen, die man nicht verarbeiten kann, nehmen viel Platz in der Seele ein und können einen Menschen an der konstruktiven Gestaltung seiner Zukunft hindern. Schwierigkeiten im Verzeihen erkennt man bei vielen Menschen daran, daß sie Dinge aus der Vergangenheit aufbewahren, obwohl sie für Gegenwart und Zukunft keinen wirklichen Nutzen mehr haben. Gründliches Entrümpeln kann befreiend wirken und zukünftige Entscheidungen erleichtern. Fehlt der innere Rückhalt aus dem Bereich der Familie, steht dies der Kreativität im Weg. Jedes Symbol vergangener Schwierigkeiten ist ein Hindernis auf dem Weg in eine positive Zukunft.

Das Trigramm, das im I Ging den Donner symbolisiert, hat eine durchgezogene untere Linie. Sie steht für eine tiefe Grundschwingung und wird mit dem Klang und seiner Erzeugung assoziiert. Die Kraft des Donners steht in östlichen Kulturen für Neuanfang, Frühling und den Beginn eines neuen Zyklus. Sie wird mit der Energie der Bäume in Verbindung gesetzt, die durch die Farbe Grün symbolisiert wird. Vitalität und Bewegung sind weitere Attribute, die dem Donner zugeordnet werden.

Im Wohnbereich steht das dritte Haus des Bagua in Beziehung zur Reife. Wenn das Feld fehlt, kann es den Bewohnern an Energie und Durchhaltevermögen mangeln, sie brauchen viel Kraft zur Bewältigung ihres Lebens und haben oft familiäre Schwierigkeiten. Da die Energie des Donners mit dem Klang in Verbindung steht, können antriebslose Bewohner durch lebhafte Musik vitalisiert werden. Alles, was Geräusche erzeugt, setzt die Energie des Donners frei: Staubsauger, Haartrockner, Kühlschrank, Stereoanlage und ebenso die menschliche Stimme. Wenn Sie Schwierigkeiten mit lauten Nachbarn haben, dämpfen Sie die Energie des Donners in Ihren eigenen vier Wänden. Eine einzelne große Pflanze kann den starken Energiestrom bereits umlenken, die Reduzierung der Farbe Gelb hat ebenfalls lärmdämmende Wirkung.

Eine Unausgewogenheit im Feld des Donner läßt sich durch das Element des Baumes ausgleichen. Plazieren Sie in diesem Bereich Pflanzen, hohe Möbel oder Stühle, Bilder mit hohem Grünanteil oder mit einer Darstellung von Pflanzen oder Wäldern.

BESTANDSAUFNAHME

- Wie ist Ihre Beziehung zu Ihrer Familie? Verstehen Sie sich gut, oder gibt es Reibereien? Kommen Sie mit beiden Elternteilen gut zurecht?
- Wenn Ihre Eltern gestorben sind: Gibt es ungelöste Konflikte, die Sie noch belasten, oder leiden Sie weiter an gärendem Ärger?
- Können Sie sich um Rat und Hilfe an Ihre Familie wenden?
- Haben Sie Schwierigkeiten, neue Pläne umzusetzen?

Ist Ihre Beurteilung unbefriedigend, so sollten Sie sich diesen Bereich Ihrer Wohnung genauer ansehen. Fehlt er ganz oder liegt hier vielleicht die Rumpelkammer voll blockierter, stagnierender Energie? Überprüfen Sie das Feld „Eltern“ in jedem einzelnen Raum.

Besitzen Sie Fotos, auf dem alle Familienmitglieder in fröhlicher Stimmung abgebildet sind? Oder haben Sie nur Einzelportraits? Dieses Feld des Bagua ist eng mit der Baumenergie verbunden. Große Grünpflanzen können darum die familiären Beziehungen harmonisieren und Ihnen helfen, mehr Schwung für neue Vorhaben zu finden.

western union
WHAT WE MIGHT HAVE CREATED. LOVE TO ALL.

4 Wind
Reichtum

Das Haus des Windes oder des Reichtums bezieht sich auf Glück und gute Schicksalsgaben. Die Auswirkungen positiver Energie in diesem Bereich zeigen sich meist in finanzieller Hinsicht, darum wird das Feld gelegentlich auch mit Wohlstand überschrieben. Tatsächlich umfaßt dieses Feld aber auch Reichtümer in anderer „Währung“: positive Ereignisse, Einladungen, Kinder und Freunde.

Das Trigramm des I Ging stellt den Wind sinnbildlich in Form von drei Bäumen dar, die sich im Wind biegen. Es beinhaltet Wachstum, Reifung sowie Sensibilität und Aufnahmebereitschaft für Gedanken und Ideen, die uns zugetragen werden wie Samen vom Wind. Der Wind steht für Bewegung, darum können Mobiles, Fächer und bewegliche Skulpturen seine Energie anregen.

Wegen der Verknüpfung des Elements mit dem Wohlstand ist es ungünstig, wenn sich ein Bad oder eine Toilette im Wind-Feld des Bagua befindet. Durch die Abflüsse geht fortwährend Energie verloren. Mit jedem Spülvorgang schwindet durch die Rohre positive Energie, die sich im Haus angesammelt hat. So kann sich die Wirkung dieser Kraft kaum in barer Münze niederschlagen. Sie müssen deshalb nicht die gesamte Sanitärinstallation Ihrer Wohnung verändern. Gesunde, aufrecht wachsende Pflanzen oder – wenn das Tageslicht nicht ausreicht – Bilder von Pflanzen dienen dem Ch'i als Anker und halten die positive Energie im Raum fest. Kleine Flußkiesel, dekorativ angeordnet, haben dieselbe Wirkung. Günstig ist ein kleiner Spiegel an der Außenseite der Tür.

In Häusern, denen dieses Feld ganz fehlt, kommen Unglücke und Unfälle besonders häufig vor. Auch hier kann mit Hilfe der „Baumenergie“ gegengesteuert werden: durch Pflanzen und Verwendung der Farbe Grün. Da Bäume ihre Nahrung durch das Wasser erhalten, ist dieser Bereich eines Raumes der richtige Platz für einen Zimmerspringbrunnen oder ein Aquarium. Auch bildliche Darstellungen von fließendem Wasser haben unterstützende Wirkung, weil sie das lebens- und nahrungsspendende Wesen des Wassers symbolisieren. Liegt der fehlende Bereich in Ihrem Garten, so können Sie positive Energien durch besonders attraktive Pflanzen, Außenbeleuchtung oder eine Vogeltränke anregen. Weist das Haus dagegen in diesem Feld des Bagua eine Ausprägung oder Betonung auf, werden den Bewohnern die Dinge, auf die sie ihre Kräfte richten, in der Regel gut gelingen.

BESTANDSAUFNAHME

- **Sind Sie zufrieden mit dem, was Sie haben – ganz gleich, ob es viel oder wenig ist?**
- **Haben Sie oft Glück oder fühlen Sie sich vom Pech verfolgt?**
- **Sind Ihre Kosten gestiegen, seitdem Sie in die momentane Wohnung gezogen sind?**
- **Reicht Ihr Einkommen aus? Oder ist es so schnell ausgegeben, wie es verdient wird?**

Wenn dieser Bereich in Ihrem Haus nicht fehlt, sehen Sie nach, ob vielleicht das Bad dort liegt und die Energie durch die Abflüsse verschwindet. Haben Sie mehrere Badezimmer, die Ihr Einkommen leiden lassen? Fehlt dieser Bereich ganz oder liegt er im Dunkeln, so können Sie seine Energien durch eine Lampe oder einen Spiegel beleben.

Das fünfte Haus liegt im Zentrum des Bagua. Obwohl ihm kein Trigramm zugeordnet wird, ist es eng mit der Erde (2) und ihren Energien verknüpft. Es ist der Bereich, in dem alle Kräfte zusammenfließen und zusammenwirken. So steht das Feld Tai Ch'i für Stabilität und Ausgewogenheit, im weiteren Sinne für ganzheitliche Gesundheit. Dieser Bereich eines Hauses oder Raumes sollte immer frei und unverstellt bleiben, so daß die Energie ihn ungehindert durchströmen kann. Herrscht hier Unordnung oder steht Unnötiges herum, hat das Auswirkungen auf alle Aspekte Ihres Lebens. Was immer sich in diesem Bereich befindet, wird die Stabilität Ihres Lebensweges, die Gesundheit, Beziehungen zu anderen, die Familie oder die Lebenspläne beeinflussen.

Weil Vitalität und Wohlbefinden nur dann zu erreichen sind, wenn ein Gleichgewicht herrscht, hat Ausgewogenheit im Zentrum eines Hauses oder Raumes große Bedeutung. Eine gute Mischung aller Elemente ist günstig, keines sollte dominieren. Lediglich die Beziehung zur Erde kann gefördert werden. Keramik, selbst leere Pflanzgefäße sowie alles, was weich, sanft oder einladend wirkt, unterstützt diesen Effekt.

5 Tai Ch'i
Gesundheit

Wenn dieser Bereich in Ihrer Wohnung fehlt, kann das ein unschätzbarer Vorteil sein. In Asien gestalten traditionell orientierte Menschen den zentralen Bereich Ihrer Wohnung gern als offenen, begrünten Innenhof, wobei private und öffentliche Elemente zusammenfließen. Mindestens zwei Drittel dieser Fläche bleiben allerdings ganz frei und werden nicht bepflanzt.

In der Mitte eines Raumes treffen nicht nur verschiedene Energieströme zusammen, sondern auch Menschen. Darum sollte sie frei bleiben, insbesondere im Wohnzimmer. Ein Tisch steht günstiger seitlich im Raum. So können Energie und Menschen sich freier bewegen.

BESTANDSAUFNAHME

- **Wie steht es um Ihre Gesundheit? Fühlen Sie sich unausgeglichen? Leiden Sie an einer Krankheit oder an allgemeiner Antriebslosigkeit?**
- **Fühlen Sie sich insgesamt eher unwohl, wünschen Sie sich belebende Impulse?**
- **Fühlen Sie sich vom Leben erdrückt oder überfordert?**
- **Leiden Sie unter Streß? Sind Ihnen die Herausforderungen des Lebens eine Last? Haben Sie das Gefühl, alles stürzt auf Sie ein?**
- **Haben Sie das Bedürfnis, Lasten loszuwerden?**

Nehmen Sie den Bereich oder den Raum im Zentrum Ihres Hauses genau unter die Lupe. Ist dort Platz für vielerlei Aktivitäten und einen freien, ungehinderten Fluß der Energien? Oder fühlt sich der Raum wie blockiert an? Gibt es in Ihrem Wohnzimmer freie Flächen? Ist genug Platz vorhanden, um sich mit Familie oder Freunden zu treffen?

Wenn Sie Negativpotential Ihrer Wohnung in diesem Bereich entdeckt haben, überlegen Sie, wie Abhilfe geschaffen werden kann. Stellen Sie Möbel um, die wie Hindernisse wirken. So werden die Durchgänge wieder frei, Menschen und Energieströme können sich ungehindert durch den Raum bewegen. Sie werden spüren, daß die neue Offenheit des Raumes auch Konsequenzen für Ihr Leben hat.

BESTANDSAUFNAHME

- **Haben Sie einige wirklich gute, enge Freunde?**
- **Gibt es jemanden, den Sie als Mentor oder Vorbild bezeichnen können?**
- **Wenden sich Ihre Freunde bei ernsthaften Problemen um Rat und Hilfe an Sie?**
- **Finden Sie in schweren Zeiten Rückhalt bei anderen?**
- **Sind Sie großzügig? Unterstützen Sie karitative Zwecke?**
- **Widmen Sie einen Teil Ihrer Zeit einem Ehrenamt oder der Hilfe Bedürftiger?**

Diese Ecke eines Raumes ist der richtige Platz für Fotos von Ihnen und Ihren Freunden. Was hängt dort jetzt? Ist der Bereich vielleicht kahl? Wo ist das Adreßbuch, wo steht Ihr Telefon? Wer sein soziales Leben fördern will, sollte solche Dinge in diesen Bereich stellen.

Wenn Sie für andere besser erreichbar sein wollen oder mehr Kontakte wünschen, regen Sie die Energie dieser Bereiche mit Pflanzen oder Beleuchtung an. Auch Metallenergie, etwa in Form einer runden Schüssel oder auch als metallene Bilderrahmen, hat eine stärkende Wirkung. Dies ist auch der richtige Platz für das Bild eines Engels oder für ein anderes Symbol der Hilfe, die Sie sich in Ihrem Leben wünschen.

Der Himmel symbolisiert die schöpferischen Kräfte des Universums, das der Ursprung aller Dinge ist. Zugleich ist der Himmel der Archetyp des Vaters, der als Sinnbild für Autorität, Stärke, Führung, Männlichkeit, Erfolg und Wachsamkeit verstanden wird. Ein anderer Name dieses Feldes ist „hilfreiche Menschen", es steht für alle sichtbare und unsichtbare Unterstützung, die ein Mensch erfährt. Auf wen können Sie sich wirklich verlassen? Auf Menschen, die Ihnen einen Gefallen tun: auf das Baby aufpassen, Ihnen aus der Klemme helfen oder Ihnen eine Schulter zum Anlehnen bieten. Die Kraft dieses Feldes wirkt in beide Richtungen, sie umfaßt also auch Ihre Fähigkeit und Bereitschaft, andere zu unterstützen.

Dieses Haus des Bagua wird mit der Energie des Metalls in Verbindung gebracht, mit den Farben Weiß und Silber, dem Herbst und dem Nordwesten. Seine Symbole sind Juwelen und Edelsteine, Kristalle, Zeichen der Männlichkeit und Autorität. Darüber hinaus ist es mit Mythen, Sagen und Geschichten verknüpft.

Fehlt dieses Feld in Ihrem Haus oder liegt es brach, wie etwa in der Garage, so werden Sie oft die Unterstützung anderer vermissen und Autoritätsprobleme haben. Da das Feld Himmel von männlicher Energie geprägt ist, werden vor allem Männer unter dem Mangel leiden, etwa, indem die Kinder ihnen nur unwillig gehorchen oder indem sie am Arbeitsplatz Auseinandersetzungen mit übergeordneten Personen haben. Regen Sie die Energie in diesem Bereich durch Metallgegenstände und durch Erdenergie an (siehe Seite 22, 23). Wirksam kann es auch sein, selbst zu einem „hilfreichen Menschen" zu werden, etwa ein Ehrenamt zu übernehmen oder einen karitativen Zweck zu unterstützen. Solche Bemühungen haben eine positive Wirkung, die auf Sie zurückfallen wird. Das Feld „Himmel" hat eine enge Beziehung zum gegenüberliegenden Feld „Wind/Reichtum" (4). Je lebendiger dieser Teil eines Hauses ist, um so größer sind die Wechselwirkungen. Das heißt: Je mehr Sie sich im Sinne von Hilfsbereitschaft und Unterstützung anderer nach außen öffnen, um so mehr wird sich dies im weitesten Sinne auszahlen.

Hat Ihr Haus in diesem Feld eine Ausprägung, so haben Sie wahrscheinlich einen großen Freundeskreis, es herrscht bei Ihnen stetes Kommen und Gehen. Da die Energie in diesem Feld maskulin geprägt ist, wird im allgemeinen der Herr des Hauses im Zentrum des lebhaften sozialen Lebens stehen. Das kann aber auch zu einer Dominanz des männlichen Elements führen.

6 Himmel

hilfreiche Menschen

7 See
Kreativität

Das siebte Haus des Bagua ähnelt von seinem Wesen her der jüngsten Tochter einer Familie: freimütig, offenherzig, voller Hoffnung und Freude. Es steht für Phantasie und Kreativität, für die Sinne und für eine Neigung zu allem Künstlerischen wie Musik, Tanz oder Malerei. Alles, was Freude macht, verkörpert das Wesen des Sees: Spiele, Fotografien, Dekorationen, persönliche Lieblingsstücke.

Die Energie des Sees ist mit dem Metall verbunden, zugleich wird sie mit Romantik assoziiert – mit Sonnenuntergängen, mit dem goldenen Leuchten der Sonne und mit dem Herbst. Sie ist Symbol für die Zeit, in der wir unseren Lohn ernten.

Jeder Mensch hat das tiefe Bedürfnis etwas zu erschaffen, etwas Bleibendes zu hinterlassen. Besonders für Frauen hat dieser kreative Ausdruck des eigenen Seins eine große Bedeutung; viele sehen in ihren Kindern das Ziel des Lebens. Es gibt jedoch noch viele andere Wege, eigene Schaffenskraft auszuleben. Man muß kein begnadeter Künstler sein und keine Bestseller schreiben. Es reicht völlig aus, die eigenen Fähigkeiten – ganz gleich auf welchem Gebiet – ohne Angst vor dem Urteil anderer zu zeigen. Kochen, Blumen binden, Autos reparieren: das sind nur drei Beispiele. Wird Kreativität nicht ausgelebt, so kann das zu ernsten gesundheitlichen Problemen führen. Die Ursachen für Blockaden im Bereich der Kreativität, im biologischen wie im geistigen Sinne, liegen manchmal in einem zu kleinen oder fehlenden Feld „Eltern“ (3) begründet.

Ist das Feld „See“ überfüllt, kann sich die Kreativität nicht entfalten. In ähnlicher Weise kann ein Mensch nicht klar denken, wenn er den Kopf voll hat. Zunächst einmal müssen also überholte Ideen aus den Gedanken und aus dem Raum geschafft werden. So wird Platz für neue Pläne geschaffen.

Fehlt dieser Bereich in einem Haus, so ist es gut möglich, daß ein Kinderwunsch unerfüllt bleibt. Freude, Vergnügen und Kreativität kommen nicht zu ihrem Recht, und besonders jüngeren Frauen wird es an Kraft und Elan fehlen. Ausgleich schafft die Energie des Metalls; ideal sind weiße, geschwungene Gegenstände aus Metall. Diese Kraft kann zusätzlich durch die Energie der Erde genährt und unterstützt werden, die durch die Farbe Gelb, Keramik und weiche Gegenstände in den Raum getragen wird. Eine Betonung des Hauses oder Zimmers in diesem Feld hilft den Bewohnern dabei, ein gesellschaftlich aktives Leben zu führen. Nicht umsonst wird das Haus „See“ mit dem Herbst, der Zeit der Ernte, in Verbindung gebracht.

BESTANDSAUFNAHME

- **Haben Sie Kinder? Wünschen Sie sich Kinder?**
- **Wie kreativ sind Sie? Wie drücken Sie Ihre Kreativität aus – in einem großen Freundeskreis, in der Malerei, der Musik, im Schreiben oder in findiger Geschäftstüchtigkeit?**
- **Genießen Sie Ihre Freizeit? Reicht sie auch aus?**

Wenn dieser Teil des Hauses übervoll ist, wo ist dann der Platz, um Atem zu schöpfen? Kontrollieren Sie, ob es im Feld „Eltern“ (3) eventuell Defizite gibt. Ungelöste Probleme können den Weg in die Zukunft massiv erschweren.

8 Berg
Wissen

Das Haus des Berges ist ein Ort des Nachdenkens und inneren Wissens, daher rührt auch der übliche Name „Wissen“ für dieses Feld des Bagua. Wie eine Höhle im Fels müssen wir leer sein, um wirkliches Wissen aufzunehmen. Wissen ist etwas anderes als das bloße Ansammeln von Information. Die Eigenschaften des Berges sind Kompaktheit, Solidität, Ruhe und Unerschütterlichkeit. Zu den Gegenständen, die solche Charakteristika symbolisieren, gehören Behältnisse wie Vasen, aber auch schwere Möbel, beispielsweise Truhen und Schränke. Schlafzimmer sind Höhlen des Rückzugs, darum sind sie eng mit dem Berg verknüpft. Solange Sie schlafen, ist das Schlafzimmer das Behältnis, in dem Ihre Energie verwahrt wird.

Die Unerschütterlichkeit des Berges wird mit starker Willenskraft assoziiert, mit Durchsetzungsvermögen und Verläßlichkeit. Aber auch Geltungsbedürfnis und Starrsinn sind Eigenschaften, die dem Berg zugeordnet werden. Im Bagua liegt das Feld „Erde“ dem des Berges genau gegenüber. Die Beziehung, die ein Mensch zu sich selbst und seinem Innenleben hat, wirkt sich natürlich stark auf seine Kontakte zu anderen Personen aus. Wer diese fördern und vielleicht einen Lebenspartner finden möchte, sollte den Energiefluß in diesem Bereich

seiner Wohnung anregen. Der Berg steht für die Kraft der Erde. Alle Dinge, die einen bodenständigen Charakter haben, können seine Energie stärken. Auch das Element Feuer, symbolisiert durch die Farbe Rot, dreieckige Formen, Licht und alles, was den Geist anregt, hat eine begünstigende Wirkung.

Eine Ausprägung oder Betonung der Wohnung in diesem Bereich ist eher ungünstig, weil gerade dieses Feld Symmetrie und Stabilität braucht. So kann eine Ausweitung des Feldes beispielsweise zu Spannungen in einer Paarbeziehung führen, weil beide Partner allzu unterschiedliche Denkweisen haben. Um ein Gleichgewicht herzustellen, kann mit Hilfe von Metall (z.B. weiße, geschwungene Objekte aus diesem Material) überschüssige Erdenergie kompensiert werden.

Fehlt dieser Bereich in einer Wohnung ganz, vermissen die Bewohner oft ein Gefühl der Sicherheit und des inneren Friedens. Ein Berg entsteht ja selbst durch einen Energieschub der Erde. Wenn solche kraftvollen Energieimpulse in einem Haus fehlen, bleibt der Wunsch nach Kindern oft unerfüllt. Andererseits fühlen sich gerade kleinere Kinder in einer solchen Umgebung nicht wohl, weil die vertrauenerweckende, solide Verläßlichkeit des Berges fehlt.

BESTANDSAUFNAHME

- **Sind Sie zufrieden mit sich?**
- **Haben Sie ein Gefühl inneren Friedens?**
- **Stehen Sie unter Streß, sind Sie unausgeglichen?**
- **Können Sie sich von der Unruhe des Tages lösen, Feierabend machen und sich entspannen?**
- **Nehmen Sie sich Zeit, um sich in Ihren Gedanken zu verlieren?**
- **Gibt es für Sie einen „Gipfel“ der Entspannung? Können Sie sich von allem zurückziehen, um zu meditieren, zu beten oder auch ein ausgedehntes Bad zu nehmen?**

Manchmal braucht jeder Mensch einen Ort, an dem er zum Stillstand kommt – wie ein Berg. Dieser Bereich des Hauses ist ideal zum Lesen und Aufbewahren der Bücher.

Wenn Sie die Energien im Feld des Berges stärken, stärken Sie zugleich Ihr Selbstbewußtsein. Gut geeignet dafür sind Objekte, die die Energie des Feuers symbolisieren: die Farbe Rot, Lampen und anregende Kunstgegenstände. Hat dieses Feld Ihrer Wohnung eine überproportional große Ausdehnung und beobachten Sie zugleich, daß Sie oft in heftige Debatten verwickelt sind, sollten Sie durch Metallobjekte die übermächtige Erdenergie dämpfen.

9 Feuer
Ruhm

Es ist die Natur des Feuers, daß es Licht spendet – und so Sie selbst oder andere ins rechte Licht setzt. Darum wird dieses Feld des Bagua gelegentlich auch als „Ruhm“ bezeichnet. Es steht für Klarheit, Erkenntnis, Sichtbarkeit, Verstehen und Verständnis. Das Wesen des Feuers findet seinen Ausdruck vordergründig im Licht, wie etwa in Kerzen. Aber auch alle Dinge, die aus der Inspiration entstanden sind oder die uns Menschen inspirieren könnten, werden mit dem Feuer assoziiert, etwa Skulpturen, Dichtung, Zeremonien und Rituale, Gemälde, klassische Musik, Schätze und heilige Objekte.

Die Aspekte Glut und Hitze geben dem Feuer einen explosiven Charakter. Die Energie des Feuers strahlt in alle Richtungen, sie ist unausweichlich wie die Mittagssonne im Sommer. Wenn Sie sich antriebslos fühlen, fehlt Ihnen vielleicht die Energie des Feuers. Wenn Sie jedoch Schwierigkeiten haben, Pläne umzusetzen und Vorhaben zum Abschluß zu bringen, gibt es vielleicht zu viel dieser explosiven Energie – etwa in Gestalt der Farbe Rot oder vieler eckiger Gegenstände. Dann „schmilzt“ das Feuer die Energie des Metalls, das Ihnen die Kraft gibt, Pläne zu verwirklichen und zur Vollendung zu bringen.

Das Licht des Feldes „Ruhm“ hilft dabei, einen Weg zu finden. Dieses Haus des Bagua liegt dem des Wassers oder der Reise gegenüber, das den Weg durchs Leben symbolisiert. Ist Ihre Karriere an einem toten Punkt angelangt, sollten Sie in Ihrem Zuhause die Häuser des Feuers und der Reise überprüfen.

Ist das Feld des Feuers nicht vorhanden, können Probleme mit den Augen die Folge sein. Vielleicht finden Sie auch nur schwer Klarheit in sich selbst oder können sich Ihren Mitmenschen schlecht verständlich machen. Eine Ausdehnung in diesem Bereich begünstigt Ruhm und Anerkennung durch andere. Allerdings kann große Helligkeit auch dunkle Geheimnisse ans Licht bringen.

BESTANDSAUFNAHME

- **Ist es Ihnen wichtig, was andere Leute über Sie denken – oder sind Sie sehr selbstsicher?**
- **Lassen Sie sich leicht von der Meinung anderer Menschen überzeugen?**
- **Hat Ihr guter Ruf große Bedeutung für Sie?**
- **Glauben Sie, daß Sie für Ihre Arbeit die Anerkennung bekommen, die Ihnen zusteht?**
- **Können Sie Freunde oder Kollegen mit Ihrer Stimmung anstecken?**

Wer Klarheit in sein Leben bringen will, sollte alle Blockaden im Feld des Feuers aus dem Weg räumen. Dann kann die Energie in diesem Bereich mit Hilfe von Lampen oder einem Spiegel neu belebt werden.

Die Leidenschaft eines Menschen und seine Gabe, andere mitzureißen, können durch die Kraft des Feuers angeregt werden. Doch tun Sie nicht zuviel des Guten. Hitzige Streitigkeiten können beispielsweise ein Anzeichen für einen Überschuß dieser Kraft sein. Die Energie des Feuers sollte zunächst behutsam eingesetzt werden.

DIE FÜNF ENERGIEN

OBEN Wir empfinden eine Wohnung als harmonisch, wenn alle fünf Energietypen in ausgewogenem Verhältnis vorkommen. Die Baumenergie wird hier durch die hohe Pflanze symbolisiert, die Feuerenergie durch die Lampen, das Glas und die dezenten roten Tupfer. Die Erdenergie findet sich in den gelblich-bräunlichen Farben, die Metallenergie im Material von Lampen, Tisch und Sofagestell. Die fließenden Konturen von Sofa und Lampen symbolisieren die Energie des Wassers.

Das Universum ist in ständigem Wandel begriffen. Wer ein Leben im Einklang mit der Natur führen will, sollte sich der Gesetzmäßigkeiten dieses Wandels bewußt sein. Die ständigen Veränderungen des Lebens können durch fünf Energietypen beschrieben werden: Baum, Feuer, Erde, Metall und Wasser. Der eigentliche Schlüssel zum Verständnis von Feng Shui liegt in der Erkenntnis, daß alle Wechselfälle der Natur durch diese fünf Energien hervorgerufen werden. Das traditionelle Weltverständnis des Fernen Ostens basiert auf der Annahme, daß die fünf Energien quasi die Bausteine aller physisch vorhandenen Dinge auf der Erde sind. Zahlreiche Eigenschaften und Wesensmerkmale sind mit ihnen assoziiert. So können wir verstehen, wie die Energieströme fließen, und dieses Wissen wiederum können wir zum Lenken der Energien in unserem Zuhause nutzen.

Das Gleichgewicht eines Raumes oder einer Umgebung hängt davon ab, wie stark welcher Energietyp dort ist. Ihre Wechselwirkungen folgen bestimmten Gesetzmäßigkeiten innerhalb eines Kontinuums ohne Anfang und Ende. Ein solcher Zyklus ist das Nähren und Hervorbringen: Wasser nährt die Energie der Bäume und läßt sie wachsen, die Bäume wiederum nähren das Feuer. Dem steht ein destruktiver, verzehrender Zyklus gegenüber: Das Feuer schmilzt Metall, und da das Metall auch Sinnbild des Geldes ist, sollte man mit dieser Energie im Raum vorsichtig umgehen.

Baum

Die Wachstumskraft eines Baumes ist nach oben und nach außen gerichtet. Sie finden diese Orientierung im Wohnbereich beispielsweise in Stühlen mit hoher Rückenlehne, aufragenden Paneelen oder Möbeln aus Holz, großen Pflanzen sowie Bildern mit vertikalen Motiven wie Bäumen. In Asien wird dem Baum die Himmelsrichtung Osten zugeordnet. Er symbolisiert den Neuanfang, die wachsende Kraft des neuen Tages, den Frühling mit all seiner Frische, den Sonnenaufgang, den Beginn von Aktivitäten und die Farbe Grün. Geduld, Wohlwollen und Durchhaltevermögen sind Tugenden, die durch die Energie des Baumes begünstigt werden. Fehlt diese Energie jedoch, neigen Menschen zu Ungeduld und Zorn. Ein neuer Einrichtungsplan kann durch das Aufstellen einer großen Pflanze profitieren: sie ist zugleich Symbol des Wachstums und Trägerin der aufwärts strebenden Energie.

Im Bagua sind die Felder „Eltern" (3) und „Reichtum" (4) eng mit dem Baum verbunden. Wollen Sie diese Felder anregen, so bringen Sie die Energie des Baumes ins Spiel, etwa durch symbolische Verwendung von Holz oder auch durch ein Bild mit einer großen Pflanze oder einem Sonnenaufgang. Da Holz durch Wasser genährt wird, hat auch die Energie des Wassers (siehe Seite 41) unterstützende Wirkung. Der Baumbereich eines Hauses (also die Felder 3 und 4) bietet die ideale Lage für eine Küche, weil der Baum im kreativen Zyklus des Nährens zwischen Feuer und Wasser liegt.

Feuer

Die Energie des Feuers ist kraftvoll wie die Mittagssonne, sie entspricht dem Gipfel der Aktivität. Im Bagua ist das Feuer mit dem Süden und dem Haus des „Ruhms“ (9) assoziiert. Beleuchtung, die schönen Künste, lebende Tiere, bildhafte Darstellungen von Menschen und Tieren sowie eckige Möbelstücke vertreten die Energie des Feuers. Daneben steht das Feuer mit chemischer Veränderung und mit dem Kochen in engem Zusammenhang. Die Küche mit dem Herd ist in diesem Sinne Herzstück eines Hauses. Die Energie des Feuers fördert Wesenseigenschaften wie Humor, Vernunft, Sanftmütigkeit und Großzügigkeit. Zu viel Hitze kann aber panikartige Erregung und Streß auslösen. Rote Kerzen und Blüten auf einem Eßtisch schaffen eine romantische Stimmung und helfen, die Flammen der Leidenschaft anzufachen. Wegen seiner lebendigen und aktiven Ausstrahlung ist das Feuer wie geschaffen für Räume, in denen man sich mit der Familie oder mit Freunden trifft.

Dem zyklischen Verständnis nach wird das Feuer von der Kraft des Holzes genährt. Brennt das Feuer zu schwach, glimmen nur wenige Scheite. Lodert es aber zu stark, kann es leicht außer Kontrolle geraten. Seine Energie kann in Bereichen, in denen Reputation oder die Anerkennung anderer eine Rolle spielt, durch die Farbe Rot angeregt werden.

OBEN Auch auf diesem Foto sind die fünf Energien gleichgewichtig vorhanden. Tisch, Stühle und der große Blumenstrauß symbolisieren die Baumenergie, die Kerze, das orangefarbene Kissen und die Portraitfotos stehen für die Energie des Feuers. Die Erdenergie ist in Form der Gelbtöne und des langen, niedrigen Sofas vertreten. Farben, Formen und Material von Geschirr und Besteck tragen die Metallenergie, während das dunkelblaue Kissen und der schwarze Bilderrahmen die Energie des Wassers symbolisieren.

RECHTS Die Zeichnung zeigt, wie die fünf Energien in einer kreativen Beziehung zueinander stehen. Wenn Sie einmal erfaßt haben, wie die einzelnen Energien in Ihrer Wohnung wirken, können Sie auch selbst die Atmosphäre Ihrer Umgebung beeinflussen. Wer beispielsweise weiß, daß die Energie des Metalls besänftigende Qualitäten hat, kann Farben und Symbole des Metalls in Räumen verwenden, in denen eine ruhige Stimmung erwünscht ist – etwa im Schlafzimmer oder Eßzimmer. Wer dagegen die aktive Energie des Feuers verinnerlicht hat, kann ihre Wirkung gezielt einsetzen – etwa in Form von Kerzen auf dem Eßtisch für zwei. Wollen Sie sich dagegen entspannen, verlassen Sie sich auf die Energie des Wassers mit sanft fließenden Linien und zarten Nuancen von Blau, der Komplementärfarbe der Signal- und Alarmfarbe Rot.

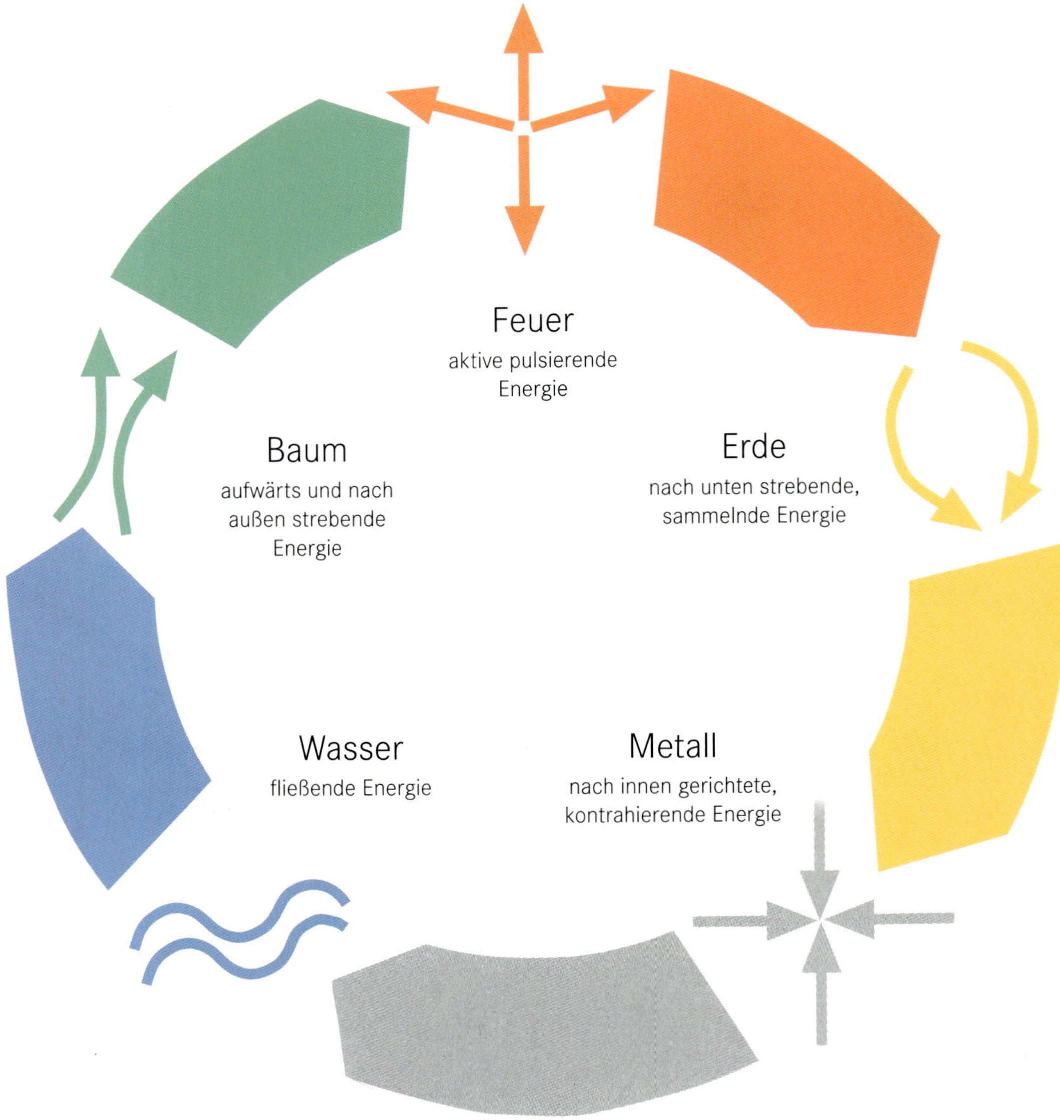

Erde

Das Wesen der Erdenergie wird als sammelnd und nach unten gerichtet verstanden. Sie steht für die zur Ruhe kommende Kraft des Tages am späten Nachmittag, das Einfahren der Ernte, den Prozeß der Reifung und wird durch die Farben Gelb und Braun symbolisiert. Die Erde ist nach keiner Himmelsrichtung hin orientiert, sondern sie liegt als Knotenpunkt in der Mitte. Drei Häuser des Bagua sind mit der Erde verbunden: „Wissen“ (8), „Beziehungen“ (2) und „Gesundheit“ (5). Erdbezogene Tugenden sind Ehrlichkeit, Mitgefühl, Weisheit und Überlegung, daneben werden der Erde tragende, unterstützende und verzeihende Eigenschaften zugeordnet. Gerät der Energiefluß aus dem Gleichgewicht, können Mißtrauen und Reizbarkeit die Folge sein.

Im Haus verkörpern alle breiten, niedrigen Möbelstücke wie Beistelltische, lange und bequeme Sofas oder weiche Sitzkissen die Erdenergie. Terrakotta und Keramik sind irdene Materialien, deren Erdverbundenheit offensichtlich ist. Sollen sich etwa bei einem Familientreffen alle Anwesenden wohl fühlen, kann ein Strauß gelber Blumen in einem Tonkrug hilfreich wirken.

Die Erde wird durch das Feuer genährt, rote Symbole stärken daher auch Beziehungen. Metall hingegen wird von der Erde hervorgebracht, darum haben Erdsymbole verstärkende Wirkung auf die Energie des Metalls. Wegen ihres beruhigenden Wesens schafft die Erdenergie den idealen Platz zum Essen, unterstützen ihre Kräfte die Verdauung.

Metall

Die Energie des Metalls ist von Natur aus nach innen gerichtet, ist festigend. Es steht für den Spätherbst, die Zeit zum Genießen der Früchte unserer Ernte, Zeit der Belohnung und der Vollendung. Der Westen mit dem golden glühenden Sonnenuntergang ist die zugehörige Himmelsrichtung. Im Bagua spielt die Energie des Metalls in den Häusern „hilfreiche Menschen" (6) und „Kreativität" (7) eine wichtige Rolle.

Das Formsymbol des Metalls ist der Kreis, Gebäude mit zahlreichen Rundungen und Bögen beinhalten also viel Metallenergie. Auch Metallgegenstände aus Edelstahl sowie die Farben Weiß und Gold sind Symbole dieser Kraft.

Der Metallenergie werden die Tugenden Rechtschaffenheit, Heiterkeit, Sicherheit und Ganzheit zugeordnet. Gerät die Energie aus dem Gleichgewicht, können Melancholie und Niedergeschlagenheit die Folge sein. Das Metall steht aber auch für finanziellen Erfolg und für die Fähigkeit, durch Anstrengung und Arbeit ein sichtbares Resultat zu erzielen. Eine Vase voll weißer Blumen im Arbeitszimmer kann in diesem Sinne die Konzentration auf eine schwierige Aufgabe fördern. Im Zyklus der Energien wird das Metall von der Erde genährt, darum kann beispielsweise die Kreativität durch Erd- und Metallsymbole gefördert werden. Die Metallenergie hilft, sich zu sammeln; daher ist sie wie geschaffen für ein Arbeits- oder Schlafzimmer, in denen man konzentrierte oder entspannte Ruhe finden möchte.

Wasser

Die Energie des Wassers ist ruhig und fließend. Wasser steht für die Dunkelheit der tiefen Nacht und die Stille des Winters. Dunkelheit und Stille führen oft zu tiefen Einsichten. Die zugehörigen Farben sind Blau und Schwarz, die Formsymbolik umfaßt unregelmäßige, asymmetrische, organische, fließende Linien. Im Bagua sind das Haus der „Reise" (1) und der Norden dem Wasser zugeordnet.

Neue Ideen entstehen in den Tiefen unseres Geistes, die Kreativität fördert sie zutage. Wesenszüge der Wasserenergie sind Zuversicht, Mut und Willenskraft. Fehlt diese Energie jedoch, so sind Hoffnungslosigkeit und fehlendes Selbstvertrauen die Folgen.

Im zyklischen Verständnis entsteht Wasser durch das Schmelzen der Metallenergie. Soll also die Kraft des Wassers in einem Raum verstärkt werden, so können hier die Farbe Blau oder andere Symbole für das Wasser eingesetzt werden. Auch die metallische Energie in Form von weißen, runden oder metallenen Objekten unterstützt das Wasser.

DESIGN-

Stauraum Lichtobjekte Klang Tiere und Pflanzen Symbole Wasser Anordnung Farbe Form

PRAXIS

STAURAUM

Zuerst sollte man sich klarmachen, daß Stauraum und eine Abstellkammer ganz verschiedene Dinge sind. Stauraum ist sauber, ordentlich, übersichtlich und zugänglich. Er umfaßt alle Bereiche, wo Sie Dinge aufbewahren, um sie in der näheren Zukunft zu benutzen: Dachboden, Keller, Garage, Schuppen, Kleiderschrank, Vitrine, Wäscheschubladen, Schmuckkästchen, Gewürzbord und Werkzeugkasten.

Dinge, die man aufbewahrt, sollten entweder wertvoll, nützlich oder persönliche Schätze sein – am besten alles drei. Dinge, die Sie nicht mögen oder nicht benutzen, sollten Sie als Gerümpel betrachten: Geschenke, die man aus Pietät aufbewahrt; angefangene, nie beendete Arbeiten wie das halbfertige Strickzeug; Stapel alter Zeitschriften oder ein Packen Prospekte und Werbesendungen.

Jeder Stauraum, auch ein überquellender Kleiderschrank oder ein vollgestopfter Dachboden, wirkt sich direkt auf Sie aus. Sie spüren das jedesmal, wenn Sie die Tür öffnen und am liebsten gleich wieder schließen möchten. Da strömt eine unangenehme Energie aus, die Unruhe und Unordnung ins Leben bringt. Natürlich hat man zu jedem Stück, das man einmal gekauft hat, eine Beziehung, eine gefühlsmäßige Bindung. Darum fällt es vielen Menschen so schwer, etwas wegzuwerfen.

OBEN Wenn sich jemand beklagt, daß er oder sie nichts anzuziehen hat, kann er meistens die passende Kleidung nicht finden. Es ist eine große Hilfe, verschiedene Kleidungsstücke wohlgeordnet auf Regalen und Stangen aufzubewahren: man hat den Alltag besser im Griff. Wenn Ihr erster Blick morgens in einen chaotischen, vollgestopften Kleiderschrank fällt, kann Ihnen das die Laune für den restlichen Tag verderben. Die Welt ist schon verwirrend genug – da sollte wenigstens der persönlichste Bereich übersichtlich sein.

RECHTS Dieser Raum, in dem nichts herumliegt, drückt mit seinen Naturmaterialien angenehme Ruhe aus. Die horizontalen Linien des Bettes und der Tür gleichen die auffallend vertikale Ausrichtung des Schrankes aus. Solche Schränke sind für einen guten, erholsamen Schlaf viel besser als Kleiderschränke mit Spiegeltüren. Eine schlichte und natürliche Umgebung begünstigt ein entsprechendes Leben.

OBEN Schlafräume sollten möglichst wenig Ablenkung bieten. Der Bewohner dieses Raumes mag sich dennoch von seinen Büchern nicht trennen. Günstig ist, daß in den Regalen dennoch viel freier Platz bleibt. Der leichte Vorhang bildet ein schönes Gegengewicht zu den kompakten Büchern. Über der Tür, ebenso kontrapunktisch, zarte Flechtkörbe.

OBEN RECHTS Wer Kindern reichlich praktische Regale baut, in denen sie Spielzeug und Bücher unterbringen können, macht es ihnen leicht, das Aufräumen zu lernen. Helfen Sie dem Kind dabei, eine Ordnung festzulegen, die es auch selbständig einhalten kann. Rote Träger und gelbe Böden sind so lebhaft bunt, wie Kinder es gern haben.

OBEN Überfüllte Regale deuten auf ein überfülltes Leben hin. Viele Familien haben im Lauf der Jahre ganze Bibliotheken angesammelt und können sich von keinem einzigen Band trennen. Halten Sie die Bücher staubfrei, sehen Sie Ihre Bestände von Zeit zu Zeit durch, und geben Sie das eine oder andere her. Schaffen Sie Freiräume für Bilder und dekorative Objekte.

OBEN Dieses Zimmer kommt ganz ohne Schnickschnack aus. Gerade die Schlichtheit ist es, die ihm seine schöne, ruhige Atmosphäre verleiht. Das Geschirr – nicht mehr als nötig – steht handlich in Reichweite des Tisches. Wird es nicht gebraucht, verschwindet es hinter den Schranktüren. Wer hier nach einem anstrengenden Arbeitstag sein Abendessen zu sich nimmt, muß sich wie in einem Tempel der Ruhe fühlen. Beschaulichkeit macht Appetit, man genießt mit dem Verstand und allen Sinnen.

RECHTS Die Küche ist das Herz einer Wohnung. Wenn sie sauber, übersichtlich eingerichtet und gut aufgeteilt ist, kann sich der Koch auf die Zubereitung der Mahlzeit konzentrieren, statt nach Utensilien zu kramen. Das wirkt sich auf die Qualität der Mahlzeit aus. Besonders wichtig ist das in einer Küche mit offenen Regalen. Messer sollten vielleicht besser außerhalb des Blickfeldes aufbewahrt werden.

Je mehr Sie ansammeln, um so mehr laden Sie sich auf. Sie schleppen das Gewicht all Ihrer Besitztümer durchs Leben. Überflüssiges stört den gleichmäßigen Fluß der Energie in Ihrem Haus und darum auch in Ihrem Leben.

Gehen Sie also auf die Suche. In welchen Feldern des Bagua liegt die Unordnung? Wenn Sie vor lauter Schuhen und Mänteln kaum durch die Eingangstür kommen, und wenn diese Eingangstür auch noch im Feld Karriere liegt, kann das die Erklärung dafür sein, daß Sie nicht den Beruf haben, den Sie sich eigentlich wünschen. Wenn sich der Energiefluß an Hindernissen wie Stapeln von Büchern und Zeitschriften auf dem Boden staut, stellen Sie sich selbst Hindernisse in den Weg, die Ihnen das Leben schwer machen.

Versuchen Sie, sich mit gesunder, belebender und frei fließender Ch'i-Energie zu umgeben. Alles, was diesem Ziel im Wege steht, kann einen negativen Einfluß haben und sollte geändert werden. In einem Haus voll stagnierender Energie kann man sich nur schwer frisch und vital fühlen.

Man könnte Bücher füllen mit den Geschichten der Menschen, die ihr Haus gründlich ausgemistet haben und sich danach wie neu geboren fühlten. Und wenn dieses Buch Sie nur zu einem einzigen Schritt anregen kann, sollte es der sein, einmal wirklich gründlich aufzuräumen. Danach werden Sie sich unglaublich erleichtert und befreit fühlen. Denken Sie daran: Wer sich neue Zukunftsperspektiven eröffnen will, muß zuerst genügend freien Raum dafür schaffen. Das Potential der Veränderung braucht Platz, um zu atmen und sich zu entfalten. Verwechseln Sie das Aufräumen aber nicht mit einem krassen Wandel zum Minimalismus. Umgeben Sie sich einfach nur mit solchen Dingen, die Ihnen wirklich wichtig sind.

Schränken Sie sich beim Sammeln ein, und Sie werden merken, daß weniger oft mehr ist.

GANZ OBEN Manche Menschen brauchen eine Sammlung persönlicher Schätze um sich. So eine üppige Geschirrsammlung ist recht unproblematisch, weil die Gegenstände in ständigem Gebrauch sind. Dadurch entsteht Bewegung, die einer Stagnation von Energie entgegenwirkt.

OBEN Diese schlichten Regale wirken ganz anders als die Sammlung oben, die dem Auge viel Beschäftigung bietet. Harte Regalkonturen sind hinter der Bogenkante versteckt.

OBEN Licht und Glas sind die einfachsten Hilfsmittel, um das Ch'i in bestimmten Bereichen zu aktivieren. Glasregale in einem Fenster stimulieren den Energiefluß viel stärker als Holzborde. Mit den Flaschen in den Farben der Energie des Wassers und des Baums ist ein solches Regal günstig für das Feld „Reichtum". Eine kleine Kristallkugel an einem transparenten Faden unterstützt die aktivierende Wirkung des Glases.

GEGENÜBER RECHTS Der Spiegel über dem Kamin gibt dem Raum einen besonderen Blickfang. Mit seiner silbrig schimmernden Oberfläche setzt der Spiegel der Wärme des Feuers einen kühleren Ausgleich entgegen. Achten Sie bei auffälligen Spiegeln darauf, was in ihnen abgebildet wird. Sieht der Raum unordentlich aus, verdoppelt der Spiegel diesen Eindruck, zusätzlich verstärkt er die Probleme, die Sie aufgrund der Unordnung in Ihrem Leben haben. Spiegel in Wohnräumen etwa könnten den Blick aus dem Fenster reflektieren. Spiegelungen von Wasser sind besonders beruhigend.

LICHTOBJEKTE

Zu den strahlenden Objekten zählen alle reflektierenden Gegenstände wie Glas, Spiegel, Kristalle und alle glänzenden Oberflächen. Sie aktivieren die Energie, indem Sie das Licht anziehen, bündeln oder streuen. Nützliche und dekorative Dinge aus Glas, Metallstatuen, Goldrandgeschirr, Wandbehänge mit Metallfäden und Pailletten: Alles, was funkelt und glitzert, regt den Fluß des Ch'i an. Besonders in dunklen oder spärlich dekorierten Ecken ist dieser Effekt hilfreich. Plazieren Sie etwas Funkelndes im Feld „hilfreiche Menschen", und Sie werden staunen, welche Unterstützung Sie plötzlich erfahren, wenn Sie sie dringend brauchen.

Auch das Licht hat eine strahlende Eigenschaft. Räume wirken ganz unterschiedlich, je nachdem, wieviel Tageslicht hineinfällt und wie Kunstlicht eingesetzt wird. Licht ist Energie. Sie können die Stimmung in einem Raum drastisch verändern, wenn Sie das Deckenlicht ausschalten und kleinere Lampen punktuell als Lichtakzente einsetzen. Durch das Anbringen von Beleuchtungskörpern in ausgewählten Bereichen eines Raumes können Sie einzelne Felder des Bagua gezielt aktivieren. Auch ein Fehlbereich läßt sich durch eine Lampe ausgleichen. In Räumen mit niedrigen Decken, Balken oder schweren Möbeln fließt die Energie hauptsächlich von oben nach unten, die dadurch entstehende bedrückende Stimmung kann durch aufwärts strahlendes Licht aufgeheitert werden.

Klare Kristalle mit Facettenschliff sind besonders wirkungsvoll. Schon eine kleine Kugel im Fenster kann den ganzen Raum verändern, vor allem, wenn sich das Sonnenlicht darin bricht. Ebenso stark ist auch die Wirkung auf bestimmte Felder des Bagua. Hängen Sie ein Kristallobjekt in das Feld Reichtum, dann hat es positiven Einfluß auf Ihre Finanzen. Ein solcher Gegenstand wirkt sich auch sehr gut an einem Fenster aus, das zu einem Garten zeigt, der einen Fehlbereich darstellt.

Spiegel sind die beliebtesten Strahlenfänger. Weil sie so vielfältig einsetzbar sind, werden sie manchmal humorvoll als Aspirin des Feng Shui bezeichnet. Sie können Energie verstärken und Räume oder Felder größer erscheinen lassen. Man sollte sie aber mit Bedacht verwenden, weil ihre Wirkung sehr kraftvoll ist. Spiegel sind in kleinen, engen Räumen effektvoll, ebenso an Türen, die einer Wand direkt gegenüberliegen. Stellen Sie sich vor, wie beklemmend der Waschraum eines Flugzeuges wäre, wenn die winzige Zelle nicht durch Spiegel optisch vergrößert würde. Fehlt im Bagua eines Hauses oder eines Raumes ein Feld (siehe Seite 18–19), sind Spiegel das ideale Mittel zum optischen Ausgleich dieses Defizits. Verstärken Sie die Energie eines bestimmten Feldes durch einen Spiegel, so erhält auch der entsprechende Bereich Ihres Lebens zusätzliche Impulse. Wenn beispielsweise Ihre Diele im Feld „Karriere" liegt, hängen Sie dort einen Spiegel auf und warten Sie ab, welche interessanten Gelegenheiten sich auftun.

GANZ OBEN Ein Kerzenleuchter mobilisiert Energien und lädt zum Beisammensitzen ein.

OBEN Hier bricht sich das Licht in den vielen Facetten der funkelnden Kristallschalen, Vasen und Krügen. Auch dadurch bekommen die Energien im Raum zusätzliche Impulse.

TIPS FÜR SPIEGEL

• Die harten Kanten ungerahmter Spiegel können Unbehagen auslösen. Achten Sie darum auf gebrochene Kanten.

• Auch die Form verändert die Wirkung. Runde oder ovale Spiegel wirken in Schlafzimmern oder in kleinen Räumen wie Badezimmern wesentlich harmonischer.

• Spiegel müssen blitzsauber sein und sie dürfen keine Flecken oder Sprünge haben. Sonst wird das Spiegelbild und damit die Reflexion der Energie verzerrt oder zerstückelt. Besonders wichtig ist das bei alten Spiegeln, die mit den Jahren blind werden.

• Beim Aufstellen eines Kleiderschrankes mit Spiegeltür ist Achtung geboten. Wenn Sie im Bett liegen, sollten Sie Ihr Spiegelbild nicht sehen, da dies die Qualität des Schlafes beeinträchtigt. Spiegel verstärken Energien, wogegen Ihr Körper im Schlaf doch Ruhe finden soll.

• Spiegelkacheln sind besonders problematisch. Sie schneiden das Spiegelbild buchstäblich in Stücke, was besonders im Wohnbereich sehr störend wirken kann.

• Achten Sie darauf, daß der Spiegel einen schönen Anblick reflektiert. Fangen Sie die Natur ein, indem im Spiegel die Bäume vor dem Fenster zu sehen sind. Ungeschickt ist das Spiegelbild eines Regals voller Dinge, die Sie nicht gern vor Augen haben. Dann verdoppelt der Spiegel das Negativpotential dieser Unordnung.

OBEN Wie Elstern von glitzernden Dingen angelockt werden, so wird die Aufmerksamkeit des menschlichen Auges auf die glänzenden Silberkugeln, die schimmernde Muschel und die funkelnden Gläser gelenkt.

LINKS AUSSEN Spiegel lassen dunkle Ecken heller und größer erscheinen, zudem fördern sie in solchen Winkeln den Fluß des Ch'i. Hier hängen zwei Spiegel rechts und links eines Durchganges, zwei kleinere Zimmer werden dadurch optisch zu einem großen Raum.

LINKS Vor allem wollen wir uns im Spiegel selbst betrachten. Den Spiegel im Badezimmer benutzen wir tagtäglich. Weil wir sehen wollen, wer wir sind, muß ein Spiegel ein ehrliches Abbild geben. Achten Sie darauf, daß der Spiegel sauber ist und keine Sprünge hat. Spiegelschränke mit geteilten Türen sind ungünstig, weil sie das Spiegelbild zerlegen.

KLANG

Das Grundanliegen des Feng Shui ist es, Harmonie im Wohnumfeld zu schaffen. Dieser Begriff beinhaltet weit mehr als den Schnitt der Räume, die Auswahl der Möbel und die Kombination der Farben. Auch Klänge und Geräusche spielen eine wichtige Rolle. Klang kann heilen, anregen, beleben oder beruhigen. Er kann die Stimmung in einem Raum völlig verändern. Gehen Sie zunächst auf die Suche nach störenden Geräuschen, an die Sie sich vielleicht schon so sehr gewöhnt haben, daß Sie sie kaum noch bewußt wahrnehmen: das Summen des Kühlschrankes, das Rauschen der Wasserrohre, das Sirren der Klimaanlage, das Pfeifen der Heizungspumpe. All diese Geräusche stellen einen stetigen Energiestrom dar, der unser Nervensystem in ständiger Anspannung halten kann.

Zunächst einmal sollten alle elektrischen Geräte, die nicht wirklich benutzt werden, abgeschaltet oder ganz abgeschafft werden. Bei den verbleibenden ist es wichtig, auf sorgfältige Installation und regelmäßige Wartung zu achten. Manche störenden Geräusche lassen sich durch andere, angenehme Klänge übertönen. Belebende oder beruhigende Musik oder Geräusche aus der Natur können einen positiven Klanghintergrund schaffen: beispielsweise ein kleiner Zimmerbrunnen mit dem besänftigenden Plätschern des Wassers oder ein Tonband mit Vogelgezwitscher oder Meeresrauschen. Wandbehänge und üppige Grünpflanzen helfen dabei, Trittschall und andere harte Geräusche zu dämpfen.

Windspiele und Klangobjekte haben eine sehr subtile und doch nachhaltige Wirkung. Ein Windspiel reguliert den Fluß des Ch'i. Sein Klang macht Ihnen im Vorbeigehen bewußt, daß Sie sich von einem Bereich in einen anderen bewegen. Ähnlich verhält es sich beispielsweise mit Perlenvorhängen, die bei jeder Luftbewegung leise rascheln.

LINKS Windspiele in der Küchentür können hilfreich sein, wenn Sie aus baulichen Gründen bei der Zubereitung des Essens mit dem Rücken zur Tür arbeiten müssen. Das Windspiel im Durchgang kündigt jeden Besucher schon frühzeitig an. Eine ähnliche Wirkung hat ein Perlenvorhang, der leise raschelt, wenn er zur Seite geschoben wird. Es gibt viele Möglichkeiten, die Grenzen zwischen verschiedenen Bereichen akustisch zu markieren. Wichtig ist, daß der Klang sanft ist und nicht an den Nerven zerrt wie etwa die Türglocken mancher Geschäfte.

LINKS Viele Menschen wissen heute, daß das Aufhängen von Windspielen etwas mit Feng Shui zu tun hat – aber die wenigsten verstehen, was es genau ist. Dabei haben Windspiele vielfältige Wirkungen.

Erstens definieren sie die Grenze zwischen drinnen und draußen durch ihren Klang. Das leise Klingeln eines Windspiels macht Ihnen bewußt, daß Sie einen neuen Bereich oder einen anderen Raum betreten haben. Nicht nur in Durchgängen oder in der Eingangstür haben Windspiele diese abgrenzende Wirkung. Zur Markierung der Grundstücksgrenze kann man beispielsweise ein Windspiel in einen Baum hängen.

Zweitens bremsen Windspiele das Tempo einer beschleunigten Energieströmung. So sind sie besonders in langen, geraden Fluren sehr wirksam. Da Klänge sich stark auf die Stimmung auswirken, sollten Sie bei der Auswahl eines Windspiels mehr Ihre Ohren als Ihre Augen entscheiden lassen. Probieren Sie verschiedene Modelle aus, bis Sie eines gefunden haben, das Ihrer ganz persönlichen Vorstellung eines angenehmen Klangs entspricht. Windspiele können Röhren- oder Glockenform haben, sie können aus Metall, Bambus oder Keramik bestehen.

Klänge helfen auch, Energieströme abzuführen. „Pusten“ Sie beim Putzen ein Zimmer mit lauter Musik durch – Sie werden spüren, daß sich der Raum danach erfrischter anfühlt.

OBEN *Pflanzen bewirken natürlichen Schutz vor Lärm, Schadstoffen in der Luft und allzu praller Sonne. In einem Wintergarten sollten Sie große Pflanzen aufstellen, damit die Energie nicht durch die großen Glasflächen entweicht.*

RECHTS *Beobachten Sie, welche Felder des Bagua Ihr Hund oder Ihre Katze bevorzugt. Wenn die Katze das Schlafzimmer besetzt oder der Hund sich im Feld „Beziehungen" niederläßt, haben Sie eine wirklich enge Beziehung zu Ihrem Haustier – aber in Ihrem Liebesleben gibt es Defizite.*

TIERE UND PFLANZEN

Alle bisher beschriebenen Eingriffe und Korrekturen wirken sich auf das Ch'i aus, das sich in Ihrem Haus befindet. Nun soll es darum gehen, wie man die Energie vermehren kann, indem man lebende Wesen wie Tiere und Pflanzen in seine Umgebung einbezieht. Die Energie lebendiger Wesen kann einen öden, langweiligen Raum grundlegend verändern.

Je mehr Zeit wir drinnen verbringen und je synthetischer unsere Umgebung ist, um so dringender brauchen wir Pflanzen. Sie bringen die Energieströme ins Gleichgewicht. Weil gesunde Pflanzen eine kraftvolle Energiequelle sind, können Sie sie in bewußt ausgewählten Feldern des Bagua aufstellen. Wenn Sie eine große, vitale Pflanze in das vorher leere Feld „Beziehungen" stellen, wird Ihre Ehe oder Ihr Liebesleben zweifellos davon profitieren. Wann immer Baumenergie als Unterstützung sinnvoll ist, wählen Sie Grünpflanzen mit starkem, nach oben gerichtetem Wuchs.

Die Raumfahrtbehörde NASA hat Zimmerpflanzen untersucht, um herauszufinden, welche Arten die Raumluft besonders nachhaltig reinigen. Man stellte fest, daß Grünlilien, Weihnachtssterne und Geldbäume elektromagnetische Strahlung absorbieren, sie sind also besonders günstig für Räume mit vielen elektrischen Geräten. Pflanzen mit scharfen oder spitzen Blättern sind vor allem für kleinere Räume ungeeignet, besser sind solche mit weichen, runden Blättern. Pflanzen wirken entspannend, viele absorbieren auch Schadstoffe und Gifte aus der Luft. Pflegen Sie die Pflanzen sorgfältig. Wenn dennoch eine welkt und eingeht, sollte sie ersetzt werden, da sie sonst Energie abzieht. Es spielt keine so große Rolle, wenn Sie keinen „grünen Daumen" haben. Der Preis einer neuen Pflanze ist nichtig im Vergleich zu dem Gewinn an positiver Energie, den sie bringt.

Direkt in die Erde gesetzte Pflanzen helfen uns, Gleichgewicht und Erdung zu finden. Ein Garteneckchen im Haus oder ein Wintergarten, in dem man pflanzen und zupfen, graben und gießen kann, ist sehr beruhigend – besonders für Menschen, die keinen Garten im Freien haben. Gutes Feng Shui soll die Verbindung zur Natur stärken. Die Natur ins Haus zu holen, ist eine gute Möglichkeit. Trockenblumen haben kein Leben mehr in sich und sollten darum nur sparsam verwendet werden. Bewahren Sie solche Gebinde nicht zu lange auf, sonst bringen sie die Energie zum Stagnieren.

Auch Tiere stärken die Energien im Haus. Wenn sie sich bewegen, bringen sie das Ch'i in Bewegung. Ihr Heim fühlt sich bewohnter an, es hat ein lebendiges Zentrum, um das Sie sich gern kümmern. Ein Aquarium enthält Wasser, was ein zusätzlicher Vorteil ist: Die Energie des Wassers heilt und sie fördert den Wohlstand. Bilder von Tieren haben gleichfalls eine gewisse Wirkung. Hängen in einem Zimmer viele Bilder von Katzen an den Wänden, möchte man meinen, die Katze sei tatsächlich da. Dadurch gewinnt der Raum mehr Energie als beispielsweise durch ein Stilleben. Wie auch immer Sie Ihr Zuhause einrichten: sorgen Sie dafür, daß Sie es nicht allein bewohnen.

GANZ OBEN Alles, was sich bewegt, aktiviert das Ch'i. Selbst Vögel im Käfig, die nicht frei fliegen können, bringen mit ihrem Gesang die Energieströme in Ihrer Wohnung in Bewegung. Eine Vogeltränke im Garten zieht die Vögel aus der Umgebung an, was sich positiv auf die Energie im nahem Umfeld des Hauses auswirkt.

OBEN Achten Sie darauf, wo Ihre Katze bevorzugt schläft. Katzen sind sehr sensibel gegenüber elektromagnetischer Strahlung. Wenn Sie Ihr Bett umstellen, und die Katze nimmt den neuen Platz nicht an, können Sie sicher sein, daß dort ein Störfeld liegt.

OBEN Diese Treppe gewinnt durch die drei Landkarten an der Wand. Sie ziehen die Energie nach oben, zugleich erinnern Sie den Bewohner an Orte, die er gern einmal besuchen möchte. Die roten Vorhänge verhindern, daß allzuviel Energie die Treppe hinabfließt.

RECHTS Wählen Sie nur Bilder aus, die Ihnen persönlich etwas bedeuten oder die Sie als anregend empfinden. Träumen Sie von einem ruhigeren Leben auf dem Lande? Dieses zarte Wandbild mit der friedlichen Schafherde und ihrem Schäfer bringt Sie dem Traum ein Stück näher.

SYMBOLE

Symbole sind ein wichtiger Teil unseres Alltags. Sie helfen uns, der Welt einen Sinn zu geben. Sie sind die Sprache des Unterbewußtseins und werden von den modernen Medien und der Werbung benutzt, um uns zu informieren und zu beeinflussen. Fabeln, Parabeln und Geschichten helfen den Menschen seit Jahrtausenden, ihre Welt zu verstehen. Und Amulette, Totems, Talismane und Glücksbringer werden seit jeher als Träger einer besonderen Kraft oder eines Zaubers angesehen. Sie mögen die Fähigkeit haben, uns bewußt oder unbewußt zu beeinflussen. Je besser wir ihre Wirkungsweise verstehen, um so leichter fällt es uns, ihre Kraft in unterschiedlichen Lebenssituationen gezielt zu nutzen.

Im Grunde hat jedes Detail einer Wohnung Symbolcharakter. Unsere Wohnung ist ein Spiegel unserer selbst: wir haben sie ausgesucht, eingerichtet und – bewußt oder unbewußt – mit Dingen angefüllt, die uns etwas bedeuten. Solche Entscheidungen sind ebenso persönlich wie die Auswahl der Kleidung. Da die Wohnung zur Metapher für unser Leben wird, reflektiert sie auch die Schwierigkeiten, vor denen wir stehen. Es ist kein Zufall, daß beispielsweise das Feld „Karriere“ leer und kahl ist, wenn ein Mensch in einer Phase beruflicher Neuorientierung steht und noch nicht weiß, welchen Weg er beschreiten soll.

Um diese Wechselwirkungen zu verstehen, muß man sich klarmachen, daß die neun Häuser des Bagua im Grunde Symbole für die Energieströme in einem Haus oder Raum sind. Sehen Sie sich Ihren Grundriß an. Ist er quadratisch oder rechteckig – oder fehlen Bereiche? Wie wirkt sich das in Ihrem Leben aus? Liegt der Fehlbereich vielleicht im Feld „Beziehungen“ – und Sie leben allein? Sie werden vermutlich feststellen, daß der unordentlichste Teil Ihrer Wohnung sich mit dem Lebensbereich deckt, in dem Sie die größten Probleme haben. Die Unfähigkeit, Ordnung zu halten, deutet auf eine innere Unordnung oder Unsicherheit hin.

Ist Ihre Wohnung generell „gut in Schuß“? Wasser, das durch undichte Rohre sickert und feuchte Flecken hinterläßt, dürfte sich in Form von roten Zahlen auf Ihrem Bankkonto niederschlagen. Türen von Zimmern oder Schränken, die Sie nur ungern öffnen, deuten auf Problembereiche Ihres Lebens hin. Wenn Ihre Beziehung brüchig wird, sehen Sie nach Rissen in den Zimmerdecken. Fühlen Sie sich isoliert, fehlt Ihnen ein Freundeskreis? Vielleicht ist die Hecke vor Ihrer Haustür so hoch, daß sie eine Barriere zwischen Ihnen und der Außenwelt bildet.

Unsere Wohnungen sind voller Symbole, die einen ständigen Einfluß auf unsere Energien ausüben. So können die Bilder an den Wänden sehr anregend sein. Wenn wir positive Schwerpunkte setzen, wird dadurch Energie mobilisiert. Diese wiederum wirkt auf uns zurück, indem sie Situationen begünstigt und Menschen anzieht, die wir beim Vorankommen in unserem Leben brauchen. Hängen Sie nicht nur Bilder von vergangenen Reisen auf, sondern auch Motive von Orten, die Sie gern besuchen würden. Beobachten Sie die möglicherweise auftretenden Korrelationen zwischen dem Aufhängen des Bildes und dem tatsächlichen Buchen der Reise.

OBEN Wege symbolisieren unsere Reise durch das Leben. Verlaufen Sie in weichen, fließenden Kurven, so sind sie den natürlichen Abfolgen des Lebens viel näher als schnurgerade Wege mit rechtwinkligen Ecken, welche für abrupte Veränderungen stehen. Trittsteine symbolisieren das schrittweise Vorankommen.

OBEN Singles, die lieber in einer Beziehung leben würden, staunen oft, wenn sie entdecken, wie viele Bilder von einzelnen Personen sie gesammelt haben. Wer sich ein Leben mit einem Partner wünscht, sollte Paarbilder auswählen – vor allem für das Schlafzimmer.

Falls Sie an Plätzen, wo Sie Klarheit und Konzentration finden wollen, abstrakte Kunst aufhängen, so werden sie sich wahrscheinlich eher verwirrt und verunsichert fühlen. Man kann auch beobachten, daß Menschen, die sich manchmal einsam fühlen, sich mit Landschaftsgemälden umgeben, auf denen kaum je ein Mensch zu sehen ist. Überlegen Sie es sich zweimal, ehe Sie eine Radierung mit Hügeln im strömenden Regen aufhängen. Vielleicht riskieren Sie, Geld ausgeben zu müssen, das Sie für „schlechte Zeiten“ beiseite gelegt hatten.

LINKS Fische werden mit Wohlstand assoziiert, darum wird von Feng Shui-Experten oft empfohlen, im Feld „Reichtum" ein Aquarium aufzustellen. Die Symbolik ist so stark, daß selbst hölzerne Fische in diesem Feld positive Auswirkungen auf die Finanzen haben können. Zahlen haben eine besondere symbolische Bedeutung. Installieren Sie darum vor allem im Feld „Beziehungen" keine Dreierkonstellationen. Dreiecke verursachen im allgemeinen schnell Unbehagen.

RECHTS Wenn Sie sich berufliche Veränderungen wünschen, aber noch kein rechtes Ziel haben, sehen Sie sich das Feld „Karriere" genauer an. Ist es leer, könnten Sie dort eine Landkarte aufhängen, die Sie symbolisch durch die Phase der Veränderung begleitet.

LINKS Symbole unterstützen Ihre Pläne und Absichten. Auch ganz persönliche Dinge wie diese dekorativen Eier können zu individuellen Symbolen werden. Wann immer Sie sie ansehen, werden Sie an die Ziele und Wünsche erinnert, die Sie an ihnen festmachen.

WASSER

Die meisten Menschen vergessen, daß Wasser auch außerhalb von Küche und Bad ein wunderbares Gestaltungsmittel für die Wohnung ist. Wasser ist in vielen Kulturen Synonym für den Strom und die Kraft des Lebens. Seine unermeßliche Tiefe gilt als Quelle der Weisheit. Darum ist es so wohltuend, zum Nachdenken aufs Wasser zu schauen. Seit Jahrtausenden wird dem Wasser eine heilige Kraft zugesprochen, die lebensspendende, nährende und heilende Wirkung hat.

Wasser erfrischt das Ch'i und regt seinen Fluß an. Ein Zimmerspringbrunnen oder ein kleiner Wasserfall sind faszinierend anzusehen, außerdem ist das leise Plätschern sehr angenehm und beruhigend. Wichtig ist es aber, daß sich die Pumpe und damit die Lautstärke und Wirkung regulieren läßt. Klingt der Brunnen mehr wie ein tropfender Wasserhahn, müssen Sie womöglich öfter zur Toilette gehen.

Besonders im Feld „Karriere" gibt Wasser positive Impulse. Auch außerhalb des Hauses, wenn etwa ein Feld des Bagua im Garten liegt, tut es durchaus seine Wirkung. Liegt das Feld „Reichtum" im Freien, so könnten Sie dort einen Teich anlegen oder wenigstens eine Vogeltränke aufstellen. Wegen seiner lebensspendenden Kraft wird das Wasser oft auch mit dem Geld assoziiert. Ein Wasserspiel, ein Aquarium oder eine durstige Pflanze, die häufig gegossen werden möchte, wird Ihrem Glück und Ihren Finanzen neuen Schwung geben.

Das Wasser nährt die Energie des Baumes. Geben Sie dem Wasser in den Bagua-Feldern „Familie" (3) und „Reichtum" (4) einen Platz, so wirken sie sich positiv aus, indem sie den korrespondierenden Lebensbereichen Auftrieb verleihen.

RECHTS Ein Aquarium im Feld „Reichtum" ist deshalb so wirksam, weil zu der Kraft des Elements Wasser die Bewegungen der Fische hinzukommen. Mit jedem Flossenschlag geben die Fische dem Energiefluß in diesem Bereich einen zusätzlichen Impuls.

GEGENÜBER Bewegtes Wasser schafft im Wohnbereich eine angenehme, beschauliche Stimmung. Auch außerhalb des Hauses, wenn etwa das Feld „Reichtum" einen Fehlbereich darstellt, ist es sehr wirkungsvoll. Lediglich in den Feldern „Wissen" (8) und „Gesundheit" (5) sollten Sie Wasser vermeiden.

RECHTS Wenn eine Zone des Bagua zusätzliche Stärkung durch Erdenergie benötigt (siehe Seite 40), könnten Sie dort fünf Keramikkrüge aufstellen. Sowohl die Zahl auch das Material symbolisieren das Wesen der Erde.

UNTEN Der Tisch gibt den beiden Sesseln in der Mitte des Raumes wirkungsvoll Schutz. Wäre er nicht da, würde man in den Sesseln mit dem Rücken zur Tür sitzen, was recht unbehaglich ist.

ANORDNUNG

Es gibt viele Elemente, die die Energieströme im Raum spürbar beeinflussen. Wo liegt ein Raum in Beziehung zur Eingangstür des Hauses? Wie sind die Felder des Bagua im Raum vertreten, in welche Himmelsrichtung zeigt er? Welches ist die vorherrschende Farbe im Raum? Wie sind die Lichtverhältnisse? Wieviele Elemente gibt es, die das Ch'i anregen: Wasser, bewegliche Objekte, Windspiele, Spiegel, Kristalle oder Pflanzen? Wie sind die Möbel angeordnet?

Die Anordnung der Möbel hat größten Einfluß auf die Energieströme. Dieser Aspekt der Einrichtung hat darum auch direkte Auswirkungen auf unsere Befindlichkeit. Einige Grundprinzipien können hier als Anregung dienen. Wählen Sie nur Möbel, die Ihnen wirklich gefallen. Alles, was negative Assoziationen weckt (etwa ein Erbstück von einem ungeliebten Verwandten oder ein Überbleibsel eines vorherigen Bewohners) zehrt von Ihrer Energie, weil Sie es ständig vor Augen haben und benutzen. Wechseln Sie solche Stücke aus, wann immer es möglich ist. So schaffen Sie Schritt für Schritt ein persönliches Umfeld. Halten Sie alle Dinge in gutem Zustand, reparieren Sie eventuelle Schäden. Wenn Sie sich regelmäßig über einen Stuhl mit lockerer Armlehne oder eine klemmende Schranktür ärgern, kann das durchaus zu einer Belastung werden. Zeigt ein Teppich oder ein Polsterbezug Spuren der Abnutzung, decken Sie die Stellen mit einer Brücke oder einem Überwurf ab. Die belebende Wirkung solcher Reparaturen und Verschönerungen sind durchaus spürbar.

Wenn Sie Möbel im Raum anordnen, überlegen Sie, wie sich dies auf den Fluß des Ch'i auswirkt. Wann immer der Zutritt zu einem Zimmer oder das Öffnen einer Tür erschwert wird, wird dieser gestört. Prüfen Sie, in welchem Feld des Bagua sich das Hindernis befindet. Liegt es beispielsweise in der Diele, und fällt die Diele in das Feld Karriere, so ist es nicht verwunderlich, daß die Beförderung, auf die Sie schon lange hoffen, auf sich warten läßt. Gestalten Sie die Diele offen und einladend – für Menschen und für das Ch'i.

Das Ch'i soll sich durch die Eingangstür schlängeln können, dann sanft und ungehindert durch das ganze Haus fließen, alle Räume durchströmen und schließlich wieder hinausfließen können. Auch Luftströmungen sollten sich sanft durch das Haus bewegen können. Sorgen Sie dafür, daß nicht in einigen Bereichen heftiger Durchzug herrscht, während in anderen die Luft steht. Scharfe Winkel, tote Ecken, Deckenbalken und ungünstig plazierte Möbel können den gleichmäßigen Fluß beeinträchtigen.

Jeder Gegenstand bildet ein Energiefeld. Scharfe Kanten und Ecken lassen die Energie abprallen und beschleunigen ihren Fluß. Viele asiatische Bücher über Feng Shui bezeichnen diese beschleunigte Energie als schneidendes Ch'i oder auch als tödlichen Atem. Es ist tatsächlich unangenehm, sich in einem Raum mit solcher energetischer „Zugluft" aufzuhalten oder ihn zu betreten. Um solche Einflüsse zu mildern, sollten Sie beispielsweise Stühle nicht direkt an einer Ecke oder einem quadratischen Pfeiler aufstellen. Ein Kühlschrank oder ein

OBEN Der elegante Schwung dieser Treppe ist beeindruckend und einladend. Wer die unterste Stufe betritt, sieht nicht, was ihn oben erwartet. Das macht die Treppe zum Symbol der Zukunft: Wir kennen die Richtung, doch wir wissen nicht, wie es am Ziel aussehen wird. Treppen leiten die Energie durch die Etagen des Hauses. Die Linienführung dieser Treppe begünstigt einen organischen Energiefluß. Die aufrechten Zweige symbolisieren Baumenergie, sie unterstützen die Aufwärtsströmung. Die rechteckigen Kassetten der Täfelung dagegen verhindern, daß die Energie beim Herabströmen zu stark beschleunigt wird.

großer Küchenschrank darf den Energiefluß in der Küche nicht beeinträchtigen. Große kantige Möbelstücke stehen am besten so im Raum, daß die flache Seite zur Tür zeigt. Harte Ecken und Kanten von Regalen können mit Vorhängen gebrochen werden, scharfe Mauervorsprünge werden durch Pflanzen weicher. Wo immer es möglich ist, sollten Sie auf abgerundete Kanten achten. Wählen Sie beispielsweise einen runden Nachttisch, so können Sie im Schlaf nicht von harten Energieströmen getroffen werden.

Unsere geometrisch ausgerichtete Architektur gibt uns meist quadratische oder rechteckige Räume mit Ecken vor. Oft fängt sich das Ch'i in solchen Ecken und findet nur schwer einen Weg heraus. Diese Stagnation hat noch gravierendere Auswirkungen, wenn solche Ecken mit Unnötigem vollgestellt sind. Seien Sie also achtsam mit dem, was Sie in Ecken abstellen. In dunklen, unfreundlichen Ecken mobilisieren Sie das Ch'i mit nach oben strahlender Beleuchtung oder Pflanzen. Übersehen Sie die Ecken auch beim Putzen nicht: Sie werden den Unterschied spüren. Wenn Sie jemals die Möglichkeit haben, einen Raum mit abgerundeten Ecken einzurichten: zögern Sie nicht!

Auch Deckenbalken beeinträchtigen den Fluß des Ch'i, außerdem wirken sie schnell „erdrückend". Zu viele dunkle Balken können einen Raum düster und bedrohlich machen, selbst wenn sie in einem alten Landhaus stimmig und stilvoll sind. Wenn die Balken nicht entfernt oder verdeckt werden können, sorgen Sie zumindest dafür, daß Sie nicht auf Dauer direkt unter ihnen sitzen oder schlafen. Nach längerer Zeit kann sich die „bedrückende" Energie in Form von Kopfschmerzen oder allgemeinem Unwohlsein auswirken. Durch hohe Pflanzen, nach oben gerichtete Beleuchtung und aufwärts deutende Symbole läßt sich das Gleichgewicht der Energieströme wieder ins Lot bringen.

OBEN Steht der Koch mit dem Rücken zur Tür, kann er nicht sehen, wer hereinkommt. In der Kontur der glänzenden Abzugshaube spiegelt sich der Raum, so hat man ein Auge auf das Kommen und Gehen.

LINKS Der runde Tisch und der runde Korb in seiner Mitte sind anziehende Formen, die Menschen zu einem lebhaften Gespräch einladen. Die neun geometrischen Bilder an der Wand dagegen sorgen dafür, daß die Unterhaltung strukturiert bleibt und nicht ausufert.

GEGENÜBER Im Feng Shui geht es um den Fluß der Energien im Haus. Weiche, gerundete Formen begünstigen einen natürlichen Fluß. Sind Türen oder Durchgänge durch Möbel verstellt, kommt die Energie zum Stillstand. Halten Sie Türen darum immer frei. In einem Wohnzimmer mit vielen Möbelstücken kann auch reichlich Tageslicht den Strom des Ch'i unterstützen.

RECHTS Die Position des Bettes sollte mit Sorgfalt ausgewählt sein – immerhin verbringen Sie rund ein Drittel Ihres Lebens darin. Günstig ist eine solide, schützende Wand hinter dem Kopfende und ein freier Blick zur Tür. Nur wenn elektromagnetische Felder oder erdmagnetische Strahlen (siehe Seite 12) in diesem Bereich verlaufen, ist ein anderer Platz günstiger. Der Wandbehang hinter dem Kopfende und die runden Tischchen mit den Tischdecken schaffen eine weiche Umgebung, in der es sich gut schlafen läßt.

Bei der Aufstellung von Bett, Sofa, Herd und Schreibtisch sollten Sie sich besondere Mühe geben. Günstig ist immer ein Platz, von dem aus Sie die Tür im Blickfeld und einen soliden Schutz im Rücken haben. Wenn Sie mit dem Rücken zur Tür stehen, wissen Sie nie, ob jemand sich von hinten nähert. Steht der Herd mit dem Rücken zur Tür und werden Sie beim Kochen erschreckt, so ist Ihre Aufmerksamkeit einen Moment lang von Ihrer Tätigkeit abgelenkt, und das wirkt sich auf die Qualität der Mahlzeit aus. Dagegen gelingt eine Mahlzeit, die ungestört und in Ruhe zubereitet wird, sicherlich. Mit dem Rücken zur Tür zu schlafen, macht manche Menschen nervös, sie wachen am Morgen nicht wirklich erholt auf.

Der richtige Platz in einem Zimmer ist der, an dem Sie den Raum unter Kontrolle haben. Genau gegenüber der Tür liegen oder sitzen Sie in der Hauptströmung des Ch'i, was leicht zuviel sein kann. Wirkliche Entspannung finden Sie an einer Stelle, von der aus Sie den ganzen Raum und die Eingangstür gut übersehen können. Wenn sich Sofa, Bett oder Schreibtisch nicht umstellen lassen, sollten Sie einen Spiegel aufhängen, der Ihnen Besucher schon frühzeitig ankündigt.

GEGENÜBER Wir brauchen Abwechslung im Leben, sonst stellt sich durch immer gleiche Temperatur, Beleuchtung, Aussicht oder Aufteilung Monotonie ein. Ein Wintergarten schafft einen wunderbaren Kontrast zwischen dem hellen „Außenzimmer" und dem dunkleren Inneren des Hauses. Wenn solche Kontraste allerdings zu extrem sind, können sie durchaus die Nerven belasten. Dieser Wintergarten wird durch die Pflanzen im Inneren und die Bäume außerhalb angenehm beschattet.

LINKS Das Sofa ist der einladendste Platz in diesem Raum. Es hat den vollen Schutz der dahinterliegenden Wand und zugleich einen guten Blick auf die Tür. Am linken Bildrand ist ein Spiegel zu erkennen, der einen Fehlbereich des Bagua öffnet und auch dort den Energiestrom ermöglicht, wo eigentlich eine Wand ist. Wenn Ihrem Haus oder Ihrer Wohnung Teile des Bagua fehlen, können Spiegel einen Ausgleich schaffen.

FARBE

Farbe ist die Manifestation von Licht und Energie. Farbe verändert die Welt und durch unsere Wahrnehmung auch uns. Beim Einrichten von Räumen kann man mit Farbe spielen und manipulieren. Wir Menschen brauchen den Zyklus von Hell und Dunkel, um unsere innere Uhr daran zu orientieren, die von den Hormonen ständig auf einen gewissen Anteil an Tageslicht eingestellt wird. Die Dunkelheit in der Nacht und auch im Winter sind Ruhezeiten, bei Tageslicht und im Frühling entfalten wir unsere Aktivitäten.

Farbe beeinflußt die Hell-Dunkel-Wahrnehmung. So können wir sie benutzen, um dunklere Räume zum Ruhen und hellere zum Reden und Spielen zu gestalten. Die Farben der Wohnräume haben eine machtvolle Wirkung auf unser Leben, weil sie unser Verhalten beeinflussen. Einzelne Farben werden auch mit konkreten Gefühlen in Verbindung gebracht: Man ist grün vor Neid, man sieht rot oder schwarz, man hat den Blues. Die Lebensenergie, die wir spüren, wird maßgeblich von den Farben der Umgebung gesteuert. Je besser wir diese Prozesse verstehen, um so gezielter können wir Farben einsetzen, um die gewünschte Wirkung zu erzielen – sei es ein ruhiger Raum zum Schlafen oder ein freundlicher Raum für ein optimistisches Frühstück.

Es ist wissenschaftlich erwiesen, daß die Stimmung eines Raumes mehr Bedeutung hat als seine Einrichtung und Funktion. Heute wird kaum ein Raum nur zum Essen oder Fernsehen eingerichtet. Wir wollen vielmehr Räume, in denen sich die Familie versammelt, in denen anregende Gespräche geführt werden, in die man sich zum Entspannen, zum konzentrierten Arbeiten oder zum ausgiebigen Lesen zurückziehen kann. Farbe ist ein wirksames Gestaltungsmittel, sie kann die Wirkung eines Raumes mindestens so sehr beeinflussen wie die Form und Anordnung der Möbel. Farbe bestimmt auch das Grundgefühl eines Raumes und wirkt sich auf das Verhalten der Energien in ihm aus. Dies wiederum hat rückwirkend direkte Auswirkungen auf unsere Energie und unser Raumerlebnis.

Grün

Grün ist die Farbe der Natur und des Wachstums. Weil sie in der Mitte des Spektrums liegt, vermittelt sie ein Gefühl von Harmonie und Frieden. Grün besänftigt den Geist, beruhigt die Nerven, macht gelassen. Nicht umsonst zeigen überall auf der Welt die Ampeln Grün, wenn man sicher eine Kreuzung überqueren kann. Wegen seiner harmonisierenden Wirkung ist Grün eine anpassungsfähige Farbe, die überall paßt – außer an Orten, wo ausdrücklich eine anregende Atmosphäre erwünscht ist. Der entspannende, beruhigende Aspekt dieser Farbe ist günstig für Schlafräume. Weil Grün aber auch Üppigkeit und Wachstum symbolisiert, eignet sich die Farbe ebenso zum Anregen der Energien im Feld „Reichtum“ (4). Ein Tupfer Grün, vielleicht als Pflanze, Spiegelrahmen oder Tischdecke, reicht schon aus.

OBEN Grün ist eine beruhigende Farbe. Weil sie aber mit der Baumenergie assoziiert wird, symbolisiert sie zugleich Wachstum. Auch Streifen haben eine dynamische, nach oben gerichtete Energie. Die Kombination dieser beiden Aspekte schafft eine freundliche, einladende Atmosphäre. Das orangerote Kissen wirkt als Blickfang, zugleich nimmt es dem Raum etwas von seiner stillen Beschaulichkeit.

LINKS Die beruhigende Wirkung der Farbe Grün wird besonders deutlich, wenn zarte Blätter grelles Sonnenlicht filtern. Das sanfte Blau des Mobiliars trägt zu der ruhigen, ausgeglichenen Stimmung bei. In diesem Raum kann man sich zu jeder Tageszeit niederlassen, um einen Moment Ruhe und Erholung zu finden.

GANZ OBEN Der grün-weiße Blumenstrauß symbolisiert Baumenergie und schafft damit einen Ausgleich zum Feuercharakter der Wand.

OBEN Dieser behagliche Raum trägt viele Merkmale der Erdenergie: das niedrige Sofa, weiche Kissen und der warme Pfirsichton der Wände.

Rot

Reines Rot kommt in der Natur selten vor, deshalb sollte die Farbe auch in der Wohnung sparsam verwendet werden. Rot ist dominant, es zieht die Aufmerksamkeit an. Darum wird es als Signal- und Warnfarbe sofort verstanden. Diese Signalwirkung ist im Schlafzimmer natürlich unerwünscht. Rot beschleunigt den Pulsschlag, darum kann ein Tupfer die Leidenschaft anfachen – zuviel jedoch macht aggressiv. Im Eßzimmer wirkt Rot der Entspannung entgegen, obwohl es Gespräche anregen kann. Für die meisten Räume ist Rot zu intensiv. Nur Partyräume oder Spielzimmer vertragen einige kräftige Akzente in dieser überaus lebhaften Farbe, die Blicke anzieht und den Fluß des Ch'i anregt. Wer etwas für seinen Ruf tun will, kann im Feld „Ruhm" mit etwas Rot die Feuerenergie unterstützen.

Violett

Violett ist eine intensive Farbe, die oft mit Nachdenklichkeit, Meditation, Klarheit, Ritualen und Würde in Verbindung gebracht wird. Eine dunkle Nuance schafft im Schlafzimmer eine ruhige, im Wohnzimmer eine feierliche Stimmung. Leuchtendes Violett dagegen hat einen hohen Rotanteil, es steht in enger Verbindung zur Energie des Feuers und dem Feld „Ruhm". Alle Nuancen von Violett haben etwas Majestätisches, Beeindruckendes. Die Farbe taucht auch im geistlichen Kontext auf, wo sie für meditativen Rückzug steht. Darüber hinaus ist erwiesen, daß die Farbe Violett unsozialem Verhalten entgegenwirkt.

Rosa

Rosa ist die beruhigende Schwester von Rot. Die Farbe ist sehr weich und feminin, darum bietet sie sich für Schlafräume an. Kinder und Kranke profitieren von der heilenden Wirkung der Farbe, auch auf schwierige Beziehungen hat sie einen positiven Einfluß. Rosa hat besänftigende Wirkung, sie dämpft Zorn und schafft eine friedliche Stimmung.

Orange

Das lebhafte Orange, abgeleitet vom feurigen Rot, ist eng mit Gesundheit und Vitalität verbunden. Die Farbe wird mit Optimismus und Begeisterung assoziiert und paßt darum besonders gut in Dielen und Flure. Weil die Farbe recht kräftig ist, kann sie leicht zu dominant werden. In Nordzimmern bringt Orange Wärme mit sich. Günstig ist die Farbe auch für Räume, in denen Sie die Kommunikation anregen möchten.

Gelb

Gelb ist die Farbe des lebensspendenden, anregenden Sonnenlichts. Es steht für Langlebigkeit, Fröhlichkeit und auch für den Intellekt. Setzen Sie sich zum Schreiben einmal vor etwas Gelbes und erleben Sie, wie Ihr Geist angeregt wird. Die Farbe verkörpert die sammelnde, zusammenführende Energie der Erde. Darum eignet sich Gelb besonders gut für den Eßbereich und andere Familientreffpunkte. In kleinen Räumen kann die Farbe aber leicht zu machtvoll werden. Schlafzimmer sollten Sie nicht in Gelb gestalten: Die Intensität der Farbe kann verhindern, daß Sie zur Ruhe kommen.

OBEN Die Rottöne des Blumenstraußes sind impulsiv und lebhaft. Sie haben eine anregende, erfrischende Wirkung und passen darum gut in einen Raum, in dem man frühstückt oder Besuch empfängt. Für ein Zimmer, in dem man lesen oder sich erholen möchte, sind sie zu dominant.

GEGENÜBER Die orangefarbenen Jalousien verschatten den Raum angenehm, zugleich verhindern sie, daß das Ch'i durch die großen Glasflächen entweicht. Die Farbe Orange ist sehr lebhaft. Selbst das Geschirr, die Gläser und weiteres Zubehör sind in Gelb und Orange gehalten und laden zu einer fröhlichen Diskussion in größerer Runde ein. Manch einem wird soviel Farbe nach einem langen Arbeitstag jedoch zu intensiv sein.

Braun

Ein Tupfer Braun hat stabilisierende Wirkung, da die Farbe gleichsam eine direkte Verbindung zur Erde herstellt und uns so an unseren Ursprung erinnert. Braun weckt Assoziationen an den Herbst, darum kann die Farbe für ältere Menschen ungünstig sein. Weil viele Dinge im Lauf der Zeit braun werden, wirkt ein in Braun gehaltener Raum, als wäre er lange bewohnt. Je nachdem, wie hoch der Gelbanteil ist, kann Braun lebhaft oder matt wirken.

Weiß

In unserer Kultur steht Weiß für Reinheit und Unschuld. Weiß ist keine Farbe im eigentlichen Sinn, aber es ist ein idealer Hintergrund für Bilder. Ist ein Raum ganz in Weiß gehalten, konzentriert sich alle Aufmerksamkeit auf das, was Farbe und Leben hineinbringt: die Menschen. Weiß läßt alle Farben intensiver wirken. Das kann günstig sein, wenn Sie etwa eine anregende Gesprächsatmosphäre schaffen möchten. Reines Weiß läßt die Energie im Raum tanzen, was in einer Diele durchaus erwünscht sein kann. In Wohnräumen jedoch sind gebrochene Weiß- oder Cremetöne angenehmer.

Grau

Grau ist eine unbestimmte Farbe, wie ein Übergang zwischen zwei Zuständen. Es hat Anteile von Schwarz und Weiß und ist dennoch keines von beiden. Man kann Grau als Farbe des Kompromisses und der Harmonie, aber auch als Farbe der Unentschlossenheit und Depression sehen. Es ist eine Frage des persönlichen Geschmacks, ob Sie Grau als idealen neutralen Hintergrund für Farbiges ansehen oder ob Sie die Farbe deprimierend finden. In jedem Fall braucht Grau frische Farben zur Belebung.

Schwarz

Schwarz hat Tiefe, weil es alle anderen Farben absorbiert. Geschickt eingesetzt kann es eine beeindruckende, elegante Atmosphäre und einen idealen Hintergrund für andere Farben schaffen. Zuviel des Guten erzeugt jedoch schnell eine bedrückende, düstere Stimmung, die Depressionen hervorrufen kann; denn Schwarz ist in unserer Kultur die Farbe der Trauer. Andere Menschen empfinden Schwarz als magisch und erotisierend. Als Hintergrundfarbe kann Schwarz reizvoll sein. Gänzlich ungeeignet ist die Farbe für Eßzimmer, Kinderzimmer und Räume, die in einem engeren Zusammenhang mit Entspannung und Gesundheit stehen.

Blau

Die Farbe Blau symbolisiert die Energie des Wassers. Sie steht zugleich für innere Einkehr, Ruhe und Ernsthaftigkeit. Ihr wird beruhigende und schlaffördernde Wirkung nachgesagt. Günstig ist die Kombination mit sanften Pfirsichtönen, die dem Blau etwas von seiner Kühle nehmen. Die entspannende Wirkung der Farbe läßt sich auch in Räumen mit hohem Konfliktpotential gut ausnutzen, etwa in Büros, Konferenz- und Diskussionsräumen. Man darf aber nicht vergessen, daß jeder Mensch sehr subjektiv auf Farben reagiert. Ein Mensch mit wenig eigener Energie könnte in einer blauen Umgebung leicht depressiv werden. Schwermütige Menschen sollten Blau darum nur vorsichtig einsetzen.

OBEN Vor dem Hintergrund einer schwarzen Wand wird eine Sammlung von Drucken zu einer imposanten Galerie. Die Wirkung ist gediegen und dramatisch, zum Essen oder Entspannen ist diese Farbwahl allerdings kaum geeignet.

LINKS Weiß und helle Naturtöne beleben ein angenehm kühles und ruhiges Schlafzimmer. Die Farbe der Wände ist leicht cremefarben abgetönt. Reines Weiß könnte allzu nüchtern wirken.

RECHTS In Blautönen gehaltene Räume wirken manchmal kühl. Hier bringt der Fußboden aus hellem Holz eine wärmere Nuance ins Spiel. Er steht für Baumenergie, die einen Teil der Wasserenergie der blauen Wände verbraucht. Die orangefarbenen Blumen setzen in dem ruhigen Raum einen lebendigen Akzent.

OBEN Die spiralige Treppe bildet an sich einen schönen Kontrast zum geometrischen Muster der Fliesen. Um aber die Energie optimal zu beeinflussen, sollte eine Wendeltreppe, anders als im Bild gezeigt, gegen den Uhrzeigersinn aufwärts führen.

OBEN RECHTS Runde Tische sind optisch besonders ansprechend. Zudem sitzt man an ihnen entspannter als an eckigen Tischen mit harten Kanten.

RECHTS Der weiche Schwung am Sockel der Treppe läßt das Ch'i sanft in den Flur im unteren Stockwerk hinabfließen.

FORM

Feng Shui ist die Sprache der Symbole. Meister des klassischen Feng Shui untersuchen und interpretieren den Formengehalt der Umgebung. Meist bringen sie die Konturen der Landschaft mit mythologischen Gestalten aus der Tierwelt in Verbindung. So schützt eine Erhebung hinter dem Haus das Gebäude wie der Panzer eine Schildkröte, ein sanfter Hügel im Osten symbolisiert den Rücken eines mächtigen Drachen. Ziel des Feng Shui in diesem Sinne war es, die von außen auf ein Gebäude einströmenden Energien durch die Art der Inneneinrichtung und die Anordnung der Möbel auszubalancieren.

Im Laufe der Zeit haben die Menschen sich ihrer Umgebung angepaßt. Wir reagieren permanent auf die Formen und Strukturen unserer Umgebung – bewußt und unbewußt. Jedes kleine Detail hat einen Einfluß auf uns, am stärksten aber ist der Einfluß unser nächsten Umgebung, unserer Wohnung. In segmentierten, unregelmäßigen Gebäuden führt man ein unregelmäßiges Leben. In einer harmonischen Umgebung dagegen fühlt man sich schneller ausgeglichen und gesund.

L-förmige Häuser sind unausgewogen. Ihnen fehlt ein Teil des Bagua, und das merkt man oft den Bewohnern an. Liegt beispielsweise das Elternschlafzimmer im Flügel jenseits des Hauptteils, so fehlt der Familie oft das Gefühl der Zusammengehörigkeit. Im schlimmsten Fall schläft sogar ein Familienmitglied außer Haus. Liegt die Küche im abgelegenen Flügel, so wird die Energie der Nahrung aus dem Kern des Hauses entfernt – die Bewohner werden ungewöhnlich oft auswärts essen gehen. Die fehlenden Bereiche müssen also aufgefüllt werden, was durch Pflanzen oder ergänzende Licht-Punkte außerhalb des Hauses geschehen kann.

U-förmige Häuser haben ein „Loch" in der Mitte, oft liegt es im Feld „Karriere". Wenn Sie in ein solches Haus ziehen, schließen Sie besser keine Wetten auf die Sicherheit Ihres Arbeitsplatzes ab. Vereinnahmen Sie diesen freien Bereich des Bagua: binden Sie ihn mit Pflanzen, Lampen oder markanten Dekorationen wie Statuen eng an den bewohnten Teil des Hauses an.

Unsere moderne Welt besteht vorwiegend aus geraden Linien und rechten Winkeln, der effektivsten Weise, zwei Orte miteinander zu verbinden. Lange, gerade Flure führen uns auf dem schnellsten Wege von A nach B, scharfe Ecken zwingen uns zum Richtungswechsel. Die Energieströme werden beschleunigt, wir passen uns an und leben in immer schnellerem Tempo. Die Linien der Natur sind ganz anders, sie verlaufen in Kurven und Spiralen. Wenn wir uns durch die Natur bewegen, müssen wir neu lernen, den Weg zu genießen und nicht nur das Ziel vor Augen zu haben. Wendeltreppen beispielsweise zeigen uns den Weg, sie verraten nicht schon auf der ersten Stufe, was uns oben erwartet.

Rechteckige Gebäude entsprechen weder dem menschlichen Körper noch seinen natürlichen Bewegungsabläufen. Sie sind geeignet für Maschinen und mechanisches Denken, harmonieren aber nicht wirklich mit dem Leben. Trotzdem wohnen wir in viereckigen Schach-

OBEN Formen wirken sich auf den Menschen aus: Ein runder Tisch lädt zum anregenden Gespräch ein und fördert das Entstehen kreativer Ideen. Weil aber die Kreisform die Energie in Spiralen nach oben führt, wird das Gespräch eher kurz ausfallen. Quadratische Tische eignen sich für praktische und detailbezogene Diskussionen. Die Form ist solider, sie bindet die Energien der Gesprächsteilnehmer über längere Zeit. Ein runder Eßtisch fördert die Interaktion aller Anwesenden, an einem eckigen unterhält man sich eher mit seinem Nachbarn. Schön ist die Wiederholung der Fensterrundung (bei hochgezogenem Raffrollo zu sehen) in der Form des Tisches.

teln, weil sie einfacher und preiswerter zu bauen sind. Hochhaussiedlungen sind natürlich besonders schlimm, vor allem, wenn wir glauben, dies sei die einzige Möglichkeit, zu überleben. Wer so weit von jeder Landschaft, ja vom Erdboden entfernt wohnt, manchmal die Erde nicht einmal sehen kann, findet natürlich keinen Einklang mit der Natur und ihren Zyklen. Immer mehr Menschen spüren, wie sehr sie sich von den natürlichen Lebensabläufen entfremden. Instinktiv suchen wir nach ausgleichenden Elementen: Rundbogenfenster, abgerundete Zimmerecken, maßgeschneiderte Regale in ungünstigen Winkeln, teppichbeklebte Fußleisten zwischen Wand und Boden. Der stereotype Schachtelcharakter eines Zimmers kann durch eine neue Kamineinfassung gemildert werden, durch Einbauregale in Wandnischen. Rechteckige Formen sind trotz allem praktisch zur Lagerung von Dingen. Sie stehen für Disziplin und Funktionalität, sie helfen dabei, Besitztümer übersichtlich, strukturiert und geordnet unterzubringen.

Rundungen und Kreise bringen kreative Energie ins Spiel. Sie sind lebendig, fließend und organisch, unserem Wesen also viel näher. In einer ausgewogenen Einrichtung kommen beide Formelemente zu ihrem Recht: die runden und die eckigen. Wer die Funktion der beiden Formen versteht, der kann sie geschickt einsetzen und sowohl die kreativen als auch die funktionalen Seiten optimal nutzen.

Kurven und Geraden haben unterschiedliche Energien. Runde Formen sind dynamisch, kreativ und energiegeladen, sie stehen für Bewegung und sind den zyklischen Vorgängen der Natur nahe. Rechtecke haben spitze Ecken, an denen die Energieströme unangenehm beschleunigt werden können. Eckige Formen symbolisieren allerdings auch Organisation, Übersicht und Beständigkeit.

LINKS Ob wir bewußt hinsehen oder nicht: Auch die Kanten von Gegenständen haben ihre Wirkung. Der geschwungene Tisch hat breite, gebrochene Kanten, die sich angenehm weich anfühlen. Der kantigen Form der Sessel stehen die Wellenlinien der Lampe ausgleichend gegenüber.

LINKS AUSSEN Eckige Formen kommen dem menschlichen Bedürfnis nach Übersicht und Ordnung entgegen. Die Kombination von Kreisen und Rechtecken wird hier zum Sinnbild für Ausgewogenheit. In diesem Badezimmer erhalten die eckigen Grundformen des Spiegels und der gefliesten Wände durch die runden Waschbecken, die Lampen, Muscheln und Schachteln einen Gegenpol.

LINKS UNTEN Bringen Sie weiche Rundungen in Ihre Räume, wann immer es möglich ist. Mit solchen geschwungenen Türen wirkt ein Kleiderschrank kein bißchen „kastig“, sondern organisch, lebendig.

RECHTS Alte Häuser haben deshalb so viel Charme, weil es in ihnen kaum wirklich gerade Linien gibt. Es liegt an uns, harte Linien zu brechen. Ein Regal mit geschwungenen Böden wirkt viel natürlicher als ein kantiges Einbauregal.

BEISPIELHAFTE

Dielen Treppen Wohnzimmer Küchen Schlafräume Bäder Kinderzimmer Arbeitsplätze

RÄUME

Die Eingangstür verrät der Außenwelt, wer in einem Haus wohnt. Dieser Eingang beeindruckt durch seine klassischen Proportionen. Säulen, Pflanzen und Laternen sind symmetrisch angeordnet, dadurch wirkt der Bereich ausgewogen. Dies wiederum deutet darauf hin, daß die Bewohner verläßlich und beständig sind. Das leuchtende Gelb weist auf eine fröhliche Familie hin, mit der man Spaß haben kann.

Der Eingangsbereich beeinflußt unsere Stimmung und unsere Gedanken jedes Mal, wenn wir nach Hause kommen oder nach draußen in die Welt gehen. Hohe Säulen heben die Stimmung jedes Menschen, der zwischen ihnen hindurchgeht. Verursacht das Betreten Ihres Hauses Ihnen Unbehagen, werden Sie auch in Ihrem Leben Irritationen spüren. Hier ist die Urnenvase im Flur etwas zu groß und beherrschend. Wird sie etwas verrückt, wirkt der Flur offener und einladender. Außerdem hätte dieser Schritt positive Auswirkungen auf die Familie, die hier wohnt.

Wenn vom Flur mehrere Türen abgehen, lassen Sie nur die offenstehen, die in den einladendsten Bereich führt – in den meisten Fällen wird dies das Wohnzimmer sein.

FLURE, DIELEN & TREPPENHÄUSER

Der Eingangsbereich ist die Verbindung zwischen der Außenwelt und der Privatsphäre. Hier zeigt sich, wie man der Welt begegnet. Je einladender eine Diele ist, um so leichter fällt es Besuchern, dem Energiefluß, neuen Chancen und dem Glück, ins Haus zu kommen.

Durch die Eingangstür gelangt das Ch'i ins Haus, darum sollte ihm der Weg nicht verstellt werden. Sorgen Sie dafür, daß der Eingang von der Straße aus gut zu sehen ist, vor allem, wenn er seitlich am Haus oder verdeckt liegt. Markieren Sie den Eingang deutlich, etwa mit auffallenden Pflanzen oder mit dekorativen Statuen als Türwächter. Eine gute Beleuchtung ist wichtig, um zu erreichen, daß neben den Besuchern auch das Glück bei Ihnen anklopfen wird.

Die Eingangstür ist der Ausgangspunkt für die Ausrichtung des Bagua. Durch sie gelangt das Ch'i in ein Gebäude, wie durch den Mund die Nahrung in einen Körper gelangt. Versperrt ein Baum den Zugang zum Haus, kann er auch Menschen daran hindern, zu ihrer Tür zu kommen. Ist der Eingang klein und eng oder besteht er nur aus einer Tür in einer kahlen Wand, betonen Sie ihn, heben Sie ihn hervor, um Besucher und Energien anzuziehen. Sorgen Sie auch dafür, daß sich die Tür leicht und weit öffnen läßt. Niemand mag sich durch einen engen Spalt zwängen – auch das Ch'i nicht. Läßt sich die Tür nur schwer öffnen, weil sie sich verzogen hat oder hinter der Fußmatte klemmt, lassen sich parallel dazu in Ihrem Lebensweg Hindernisse finden. Ist Ihnen die Richtung Ihrer Zukunft unklar, sollten Sie für eine gute Außenbeleuchtung sorgen. Manchmal reicht es vielleicht schon, die Türklingel zu reparieren, um eine neue Stelle angeboten oder Besuch von hilfreichen Freunden zu bekommen.

Wenn Sie in einem Mietshaus wohnen, ist Ihre Haustür der Eingang zu Ihrer Wohnung. Aber auch der Zustand des gemeinsamen Treppenhauses hat Auswirkungen auf Ihr Befinden. Achten Sie darauf, daß der Bereich vor Ihrer Tür einladend aussieht und gut beleuchtet ist.

Flure und Dielen sind immer ein Übergangsbereich. Darum ist es wichtig, sie möglichst frei von ablenkenden Details zu halten. Ist eine Diele gut aufgeräumt, vermittelt sie nicht nur Besuchern einen guten Eindruck. Auch das Ch'i findet leichter seinen Weg. Ein Platz im Flur sollte zum Abstellen von Schuhen reserviert sein. So können Sie die Energie der Außenwelt mit den Schuhen abstreifen und aus dem Wohnbereich fernhalten.

Mit Lorbeer-Hochstämmchen und Buchsbaumkübeln hat dieser Eingang ein Gesicht bekommen. Jeden Tag, wenn man an den Pflanzen vorbeigeht, spürt man ihre positive Wirkung. Obendrein wirkt ihre Energie schützend gegen Schmutz und Lärm in dieser belebten Straße mit viel Stadtverkehr.

Die Tür ist mit einem schönen, großen Klopfer versehen. Ihr fehlt dagegen etwas, das man zum Öffnen und Schließen fest anfassen kann. Wenn die Bewohner einen soliden Türgriff anbringen, werden sie auch ihre Zukunft fester in den Griff bekommen.

Damit die Müllecke gleich neben dem Hauseingang weniger ins Auge fällt, wurde ein Rankspalier davor befestigt. Ist es einmal mit immergrünem Efeu oder blühenden Kletterpflanzen bewachsen, verbirgt es die Tonnen noch besser.

Auch im Flur kann die Bewohnerin Veränderungen vornehmen, die sich unterstützend auf ihre berufliche Neuorientierung auswirken. Anregende Bilder mit fließendem Wasser sind günstig, sie könnte aber auch spezielle Symbole für ihr berufliches Ziel, die Heilkunst, verwenden. Eine Pflanze wäre ebenso hilfreich wie eine Pinnwand mit Informationen und Einladungen, die mit ihrem neuen Beruf im Zusammenhang stehen.

Nachher

Vorher

Die Bewohnerin dieser dreistöckigen Doppelhaushälfte ist erst vor kurzem mit ihrem Mann und ihren beiden Kindern aus einer engen Zweizimmerwohnung hierher umgezogen. Der ältere Sohn ist neun Jahre alt, das zweite Kind wurde vor kurzem geboren, so daß die Mutter gerade Erziehungsurlaub von ihrem Beruf im Rechtswesen nimmt. Das Sachgebiet, mit dem sie befaßt ist, liegt ihr nicht besonders, darum strebt sie für die Zukunft eine berufliche Veränderung an, weiß aber noch nicht genau, in welcher Richtung. Aus Interesse an Gesundheitsfragen käme die Homöopathie in Frage.

Da sie aber auch gern schreibt, wäre deshalb ebenso eine Tätigkeit als Buchautorin im weiten Themenbereich Gesundheit denkbar. Die Planung des weiteren beruflichen Lebens hat also großes Gewicht. Da der Eingang des Hauses im Feld „Reise" (1) liegt, verdient er besondere Aufmerksamkeit.

Das Haus mit den vier Schlafzimmern steht an einer belebten Straße. Der seitliche Eingang sorgt in diesem Fall für ein Gefühl der Beschütztheit. Es ist jedoch wichtig, den Eingang besonders in dieser Lage gut sichtbar zu gestalten. Dekorative Pflanzen markieren ihn, auch Statuen oder andere Dekorationen wären denkbar. Klassische Feng Shui-Bücher empfehlen die bekannten Löwen als Türwächter. Aber auch jedes andere Tier, das Sie als beschützend empfinden, kann die Haustür bewachen. Wer sich der Schutzfunktion solcher Dekorationen schon beim Aufstellen bewußt ist, wird sich dadurch tatsächlich sicherer fühlen. Obwohl der Eingang etwas versteckt liegt, ist er im Dunkeln durch die beiden Lampen rechts und links gut zu erkennen.

Früher lief man auf dem Weg zur Tür direkt auf die Mülltonnen zu. Der erste Eindruck zählt, darum ist es ungünstig, wenn diese Elemente so auffällig sind. Außerdem tut es der positiven Energie des Ch'i Abbruch, wenn es auf dem Weg zum Haus um die Mülltonnen herumströmen muß. Es geht doch darum, so viel kraftspendende Energie wie möglich ins Haus zu ziehen. Auch Licht und Farbe wirken belebend, das Ornamentfenster über der Tür ist daher sehr vorteilhaft.

Veränderungen in der Diele wirken sich auf das ganze Haus aus, weil jeder durch diesen Bereich gehen muß. In diesem Fall haben sie reelle Auswirkungen auf die Karriere der Bewohnerin, was durch die Umgestaltung bezweckt werden sollte. Aber auch ihr Mann wird die positiven Einflüsse spüren. Wenn auch er sich beruflich verändern möchte, könnte noch ein Bild mit Symbolwert für seine Zukunft aufgehängt werden. Selbst ein gemeinsam ausgesuchtes Bild, das für beide Partner eine Bedeutung hat, besitzt unterstützende Wirkung.

Durch das Rundbogenfenster in der Haustür fällt viel Licht ins Haus. Das Oberlicht mit dem bunten Ornamentglas sorgt zusätzlich für Farbe (S. 82).

Die Tierfigürchen im Fenster sind weniger günstig. Im Eingangsbereich könnten sie durch ihre subtile Symbolik abschreckende Wirkung haben, darum sollten sie einen anderen Platz erhalten.

Die bunten Glasflaschen dagegen stimulieren nicht nur die Energie, sie heißen auch mit ihrem farbenfrohen Glitzern Besucher willkommen und geben jedem, der die Treppe betritt, einen lebendigen Impuls mit auf den Weg. Flaschen und Regalböden bestehen aus Glas, das aus Sand hergestellt wird. Es repräsentiert die Energie der Erde, die das Feld „Wissen" (8) stärkt und den Bewohnern hilft, innere Ausgeglichenheit zu finden.

Auch ein runder Kristall mit Facettenschliff, im Fenster am Fuß der Treppe aufgehängt, kann die Energie im Feld „Wissen" stimulieren.

Der rote Weihnachtsstern auf dem Tischchen wurde durch eine blaue Hyazinthe ersetzt, desgleichen die Trockenblumen auf der Fensterbank durch blaue Zwiebelpflanzen. Die Farbe Blau, die für das Wasser steht, regt den Energiefluß im Feld „Karriere" (1) an.

Vorher

In diesem Doppelhaus lebt eine Familie mit drei Kindern unter zwölf Jahren. Das Haus ist fast quadratisch, nur ein Teil des Feldes „Wissen" (8), das links von der Eingangstür liegt, betrifft die Garage. Diese wird nicht zum Bagua gerechnet, weil sie kein bewohnter Raum ist.

Die Bewohnerin ist zur Zeit Hausfrau und Mutter, sie würde aber gern halbtags berufstätig werden. Genaue Ziele hat sie noch nicht, eventuell plant sie eine Umschulung. Sie ist kreativ, hat aber wenig Gelegenheit, dies anders auszuleben als im Nähen von Vorhängen und im Streichen von Möbeln. Sie leidet manchmal unter Schlafstörungen und fühlt sich oft abgespannt, darum nutzt sie ihre Zeit nur selten optimal. Ihre wichtigste Aufgabe ist die Familie, doch dabei kommt sie selbst oft zu kurz. Sie und ihr Mann wünschen sich im Alltag mehr ruhige Momente zum Erholen und Entspannen. Darum muß sich das Hauptaugenmerk in diesem Haus auf die Felder „Reise" (1), „Wissen" (8) und „Kreativität" (7) richten.

Was man beim Betreten eines Hauses als erstes sieht – ganz gleich, ob Bewohner oder Gast –, beeinflußt die Wahrnehmung der ganzen Wohnung. Günstiger als eine Wand mit Durchblick auf einen langen Flur oder ein anderes Zimmer ist eine glatte Wand. Blumen auf einem Regal oder einem halbrunden Beistelltisch sind eine schöne Begrüßung. Die Diele ist geräumig, im Anschluß folgt ein offener Flur mit einem Sideboard und einer Garderobe. Im Moment findet sich dort allerdings häufig allerlei Krimskrams. Das Treppengeländer endet in einer dekorativen Säule, über der jedoch meist Jacken hängen. Bei drei Kindern im Haus herrscht natürlich ein stetiges Kommen und Gehen, und es sammelt sich leicht allerlei in der Diele an.

Die Diele liegt im Feld „Reise", das mit der Karriere assoziiert ist. Wer Weichen für seine zukünftige Laufbahn stellen will, sollte hier ansetzen. Andersherum kann alles, was den freien Durchgang der Menschen und Energien in diesem Bereich stört, negative Auswirkungen auf das berufliche Fortkommen der Bewohner haben.

Nachher

Beim Öffnen der Haustür fällt der erste Blick auf das große Sideboard am Ende des Flures. Das Möbel ist sehr praktisch zum Ablegen von Post, Schlüsseln, Einkäufen oder Dingen, die in den ersten Stock mitgenommen werden sollen. Wichtig ist aber, daß dort regelmäßig aufgeräumt wird, denn Unordnung könnte den Energiefluß im Flur ins Stocken bringen.

Die Dekoration auf dem Sideboard wurde verändert, sie wirkt jetzt weniger hochragend. Rechteckige Bilderrahmen sind mit einer kompakten, gedrungenen Pflanze kombiniert, um einen Eindruck von Stabilität zu erzielen.

Auf dem Stuhl im Flur sammelten sich gern Schals und Mäntel an, zum Sitzen wurde er nie benutzt. So stellte er nur ein unnötiges Hindernis dar. Nachdem er weggestellt wurde, haben die Menschen mehr Bewegungsfreiheit, und die Energieströme im Flur wie im Leben der Bewohner können ungehindert fließen.

Die Wand rechts von der Tür war leer. Da sie im Feld „Kreativität" (7) liegt, ist dies der ideale Platz, um etwa ein Bild aufzuhängen, das die berufliche Neuorientierung der Bewohnerin fördert. Da sie sich über ihre Ziele noch nicht ganz klar ist, wäre fließendes Wasser ein gutes Motiv. Auch eine Landkarte kann helfen, einen neuen Weg in die Zukunft zu finden.

Der Läufer in Rottönen wirkt warm und einladend. Man spürt förmlich die motivierende Energie, die von ihm ausgeht. Auch er dient dazu, die berufliche Neuorientierung zu unterstützen.

Dem Haus fehlt das Feld „Wissen" (8), was sich auf die innere Ausgeglichenheit und Entscheidungsfähigkeit der Bewohner auswirkt. Vor allem hier muß Energie mobilisiert werden.

Nachher

Vorher

Darum wurde der Spiegel, der ursprünglich über dem Sideboard hing, an der Wand am Fuß der Treppe aufgehängt. Weil die Diele nun in diesem Bereich optisch erweitert ist, wird der Fehlbereich erschlossen.

Der konvexe Spiegel, der dafür über dem Sideboard hängt, schafft Flexibilität und hilft dem Betrachter, um die Ecke zu sehen.

TIPS FÜR DIELEN UND FLURE

• Markieren Sie Ihr Revier. Sorgen Sie dafür, daß Ihr Eingang sich von jenen der Nachbarn klar abhebt. Lampen, Blumenampeln, Kübelpflanzen, ein gut lesbares Namensschild und eine große Hausnummer helfen dabei.

• Beeinflussen Sie die Stimmung aller Menschen, die das Haus betreten, positiv – etwa durch Spiegel oder Bilder, die Weite oder Perspektive haben.

• Dielen und Flure sollten stets aufgeräumt sein. Es wirkt sich negativ aus, beim Nachhausekommen Hindernissen ausweichen zu müssen.

• Verwirren Sie Besucher nicht mit allzu lebhaften Bildern oder Dekorationen. Auch für Teppiche gilt: kleine Muster sind günstiger.

• Ist ein Flur sehr lang, sollte das Ch'i verlangsamt werden. Ein Windspiel kann eine sanfte Unterbrechung bilden, aber auch eine Pflanze in einem bauchigen Gefäß oder Bilder, die das Auge von der schlauchartigen Form des Flures ablenken. Ebenso günstig wirkt sich eine auf die Wand gemalte Efeu- oder Weinranke aus.

• Lassen Sie das Ch'i nicht gleich aus dem Haus entweichen. Eine unten abgerundete Treppe lenkt die Energie ins Innere des Hauses zurück. Spiegel und andere glänzende Oberflächen haben besonders im Bereich der Haustür und am oberen Ende der Treppe eine ähnliche Wirkung.

LINKS Schon im Flur entscheidet es sich, wie Sie selbst und Ihre Besucher das ganze Haus wahrnehmen. Der üppige Blumenstrauß ist eine herzliche Begrüßung, er zeigt die Gastfreundschaft des Hauses. Das leuchtende Gelb der Wände fängt Energien ein, die abgerundeten Ecken des Tisches ermöglichen ihren weichen Fluß. Die Bilder entlang der Treppe weisen dem Energiestrom den Weg nach oben.

LINKS Es ist immer richtig, den Eingang klar zu markieren. Hier geschieht das durch ein Paar großer Amphoren, Bäumchen und Schuhabstreifer. Solche Symmetrie vermittelt immer ein Gefühl von Ausgewogenheit.

Kann der Blick von der Tür oder einem Fenster bis zum Horizont schweifen, verliert er sich in der Ferne – und mit ihm Ihre Energie. Die Skulptur bindet die Aufmerksamkeit der Bewohner an den sie unmittelbar umgebenden Bereich.

OBEN Dielen und Flure dürfen keine Hindernisse aufweisen, welche die Energie ins Stocken bringen. Die abgerundete Ecke sorgt für einen besonders harmonischen Fluß. Durch die Pflanze auf dem kleinen runden Tisch wirkt diese Diele noch einladender.

LINKS Glänzende Türbeschläge ziehen das Ch'i an. Gleichzeitig reflektieren sie negative Einflüsse, die von einer direkt auf das Haus zuführenden Straße herrühren können.

WOHNZIMMER

Moderne Wohnzimmer sind Treffpunkte für Familie und Gäste, sie sind zugleich der öffentliche Raum im Haus und das Zentrum des Familienlebens. Sie sollen behaglich sein, gutes Licht haben und unsere persönlichen Schätze vorteilhaft zur Geltung bringen.

In der Vergangenheit hatte das heutige Wohnzimmer ganz verschiedene Namen – Morgenzimmer, Salon, gute Stube, Gesellschaftszimmer –, heute erfüllt der Raum meist mehrere Funktionen. Wenn Gäste kommen, werden sie meist ins Wohnzimmer gebeten. Aber auch die Familie trifft sich hier zum Entspannen, Fernsehen, Lesen oder Reden. Ein modernes Wohnzimmer sollte einladend und behaglich, aber nicht zu förmlich sein.

Wenn Sie Sitzmöbel aufstellen, versuchen Sie, sie leicht schräg anzuordnen, orientiert an der achteckigen Kontur des Bagua. Sessel, die einander genau gegenüberstehen, wirken schnell steif und förmlich. In einem Sessel, der mit dem Rücken zur Tür steht, sitzt niemand gern. Der Gastgeber oder die Gastgeberin sollte den besten Platz haben: mit dem Rücken zur Wand und mit gutem Blick auf die Tür. Gäste, die nur kurze Zeit im Haus sind, können auch frei im Raum sitzen. Sind alle Sitzplätze zum Fernseher hin ausgerichtet, beherrscht dieser den Raum, und die Kommunikation wird schwierig. Optimal dagegen ist die Anordnung der Sessel um den Kamin herum. Eine Feuerstelle ist fast automatisch ein optisches Zentrum des Raumes, im Bereich ihrer Wärme versammelt man sich gern. Wenn die Wärme zu groß ist und die Entspannung schwer fällt, kann das kühle Schimmern eines Spiegels über dem Kamin Abhilfe schaffen. Dekorationen auf dem Kaminsims wirken am ausgewogensten, wenn sie paarweise arrangiert werden.

Im Wohnzimmer stellt man seine Kunstgegenstände und Antiquitäten zur Schau. Lassen Sie sich Zeit bei der Auswahl, suchen Sie nur Stücke aus, die Ihnen wirklich gefallen und Ihre Neigungen oder Ihre Wesensart widerspiegeln. Mit den Bildern an Ihren Wänden erzählen Sie etwas von sich – auch Ihren Besuchern. Natürlich sollen Sie selbst Ihre Bilder jeden Tag mit Freude ansehen können.

Möbel sollten so stehen, daß die Energie frei fließen kann. Viele Tische und ein Übermaß an dekorativem Zierat sind ungünstig. Im Wohnzimmer sammelt sich die Energie, um sich danach über das Haus zu verteilen. Das gelingt leichter, wenn der Raum hell und überschaubar ist. Eine schöne Aussicht vor dem Fenster ist ein Gewinn. Durch riesige Glasflächen entweicht das Ch'i jedoch, ohne den Raum optimal zu erfüllen.

Selbst wenn die Aussicht aus dem Fenster phantastisch ist, sollten Sie Pflanzen auf die Fensterbank stellen. Sonst entweicht viel Energie durch die Glasflächen. Auch Ihr Blick verweilt so in Ihrer persönlichen Umgebung. Und schließlich wirken Pflanzen auf den Fensterbänken schützend gegen negative Einflüsse von draußen, etwa durch Bäume, Straßenlaternen oder stark befahrene Straßen. Der schlanke Baum auf der Terrasse hält ebenfalls den Blick in der Nähe des Hauses, ohne die Aussicht aus dem Fenster zu versperren.

Sorgen Sie dafür, daß das einfallende Sonnenlicht reguliert werden kann. Je nach Nutzung des Raumes sind unterschiedliche Wirkungen erwünscht. Jalousien lassen sich sehr flexibel einstellen, zarte Gardinen mit gerafftem Querbehang mildern die harten Konturen der Jalousien.

Lassen Sie den Fernseher nicht zum optischen und sozialen Mittelpunkt des Raumes werden. Es ist besser, ihn in einem passenden Schrank oder hinter einem Paravent zu verbergen. Wenn Sie keinen Kamin haben, arrangieren Sie die Sitzmöbel wie auf dem Foto um einen Tisch mit einem schönen Blumenstrauß.

Die Bewohner dieses viktorianischen Altbaus leben seit sieben Jahren hier. In dieser Zeit hat das Paar alle Räume von Grund auf renoviert. In einem Beratungsgespräch stellte sich heraus, daß vier Bereiche ihres Lebens einer genaueren Betrachtung bedurften. Die Frau fühlt sich in ihrem Beruf unwohl. Sie würde sich gern verändern und sich der Gartenarchitektur zuwenden, in der sie ihre eigentliche Berufung sieht. Oft fehlt ihr aber die Zeit, sich Beschäftigungen zu widmen, in denen sie Zufriedenheit findet. Diese Situation weist auf Defizite in den Bagua-Feldern „Reise“ (1) und „Kreativität“ (7) hin.

Auch das Feld „Wissen“ (8) muß genauer untersucht werden. Vor lauter Streß bei den Bemühungen um eine berufliche Veränderung fehlt es ihr an ruhigen Momenten zur Entspannung. Ihr Ehemann hat sich vor kurzem selbständig gemacht und hat sein Büro im Hause. Er genießt seine Arbeit zwar, findet aber auch selten Zeit zum Erholen. Zudem fühlt er sich nicht gerade vom Glück verwöhnt, das Paar hat gewisse finanzielle Schwierigkeiten – was auf Defizite im Feld „Reichtum“ (4) hindeutet. Positiv ist, daß beide bei bester Gesundheit sind und sich auf einen großen Kreis zuverlässiger Freunde verlassen können. Das zeigt, daß in den Feldern „Gesundheit“ (5) und „hilfreiche Menschen“ (6) die Energien im Gleichgewicht sind.

Mehr als jeder andere Raum gibt das Wohnzimmer anderen Menschen Aufschluß über unsere Persönlichkeit, unsere Hoffnungen und Träume. Dieses Paar hat die Wände mit Bildern von vergangenen Reisen in alle Erdteile dekoriert. Auch Bücher, Zeitschriften und Dekorationsgegenstände verraten viel über Neigungen und Vorlieben. Wer hier etwas verändert, der verändert gleichzeitig sein Selbstbild.

Anfangs war der Raum vollgestopft. Das Übermaß an Möbeln spiegelte das Übermaß an Belastungen im Leben der beiden wider. Sie haben nie genug Zeit, um all die Dinge zu tun, die ihnen Freude machen, darum leiden sie ständig unter Streß. Nimmt man den Druck der Fülle aus diesem Raum, so werden sich auch die Menschen erleichtert fühlen. Neue Perspektiven tun sich auf, wenn Hindernisse aus dem Weg geräumt werden.

Nachher

Vorher

Eine unbenutzte Tür im Feld „Karriere" wurde hier von zwei Sesseln verstellt. Diese Anordnung signalisierte gleichzeitig eine Blockade im entsprechenden Lebensbereich der Bewohner. Die irritierende Tür verschwand hinter einem dekorativen Wandbehang. Auch die viel zu großen Lieblingssessel, die die Bewegungsfreiheit der Menschen ebenso wie den Energiefluß einengten, wurden umgestellt. Zeitschriften und dekorativer Krimskrams auf dem Tisch verbargen seine Qualitäten – auch sie wurden aufgeräumt.

Ursprünglich waren dies einmal zwei Zimmer, daher wird der jetzige Raum durch einen Träger optisch unterteilt. Das Sofa stand unter diesem Träger. Wer dort saß, fühlte sich durch das lastende Gewicht schnell unwohl. Der Bereich über der Kommode war zu begrenzt für das große Bild und die Leuchter aus Messing, wenn auch das Motiv des aufsteigenden Heißluftballons wie die Lampe eigentlich ein gutes Gegengewicht zu dem Balken darstellen.

Der unbenutzte Kamin war mit trockenen Zweigen, Blättern und Tannenzapfen angefüllt. Daneben stand ein eiserner Kohleneimer mit Holzscheiten. Die Dekoration sah müde und verstaubt aus. Lebendige Pflanzen gab es gar nicht im Raum, lediglich einige Schalen mit Potpourris, deren Duft schwer im Raum stand.

Drei kaputte Uhren, eine davon im Feld „Reichtum" (4), zeigten eingefrorene Augenblicke an.

Der Raum war nicht nur übervoll; es herrschte dort eine sonderbare, unruhige Stimmung, die unbedingt ausbalanciert werden mußte. Dem Bagua des Raumes und auch dem der ganzen Wohnung fehlte das Feld „Wissen" (8). Dadurch wurde die Streßbelastbarkeit der Bewohner untergraben.

Der Raum wirkt größer, nachdem die Stühle zu beiden Seiten des Schrankes entfernt wurden. Der Stoß Zeitschriften im Sideboard-Regal ist geschrumpft, nur die wichtigsten blieben zurück. So wurde aus einem unübersichtlichen Haufen ein geordneter Stapel, der in Zukunft regelmäßig aussortiert werden muß.

Vorher

Die beiden farbenprächtigen Figuren blieben auf dem Kaminsims, denn sie stehen im Feld „Beziehungen“ (2). Das Ballonbild erhielt seinen neuen Platz über dem Kamin. Das nach oben ausgerichtete Motiv begünstigt auch die Zielstrebigkeit der Bewohner in beruflicher Hinsicht.

Das abgestandene Potpourri „Herbstfrüchte“ aus dem vergangenen Jahr wurde durch lebendige, frische Blumen ersetzt. Sie symbolisieren Wachstum und helfen auch damit der Bewohnerin, in eine neue Zukunft hineinzuwachsen.

Nachher oben und links

ALL MUST HAVE PRIZES
NORTH AMERICAN INDIANS
CELTIC FAIRY TALES
MEXICO AND PERU
HINDUS AND BUDDHISTS
INDIA
DIY
VANISHING GREECE

Vorher

Das hier lebende Paar wohnt zwar gerne hier, empfindet seinen Alltag aber als anstrengend und stressig. Die Wohnung hat ein Schlafzimmer (siehe Seite 118–19) sowie einen kleinen, dreieckigen Raum, der sich nur als Abstellkammer eignet. Weiterhin gibt es eine kleine Küche, ein Bad und das hier gezeigte Wohnzimmer. Beide Partner vermissen in der kleinen Wohnung einen Platz für sich allein. Wenn Menschen im Leben keine Ruhe finden, ob im zeitlichen oder im räumlichen Sinne, liegt meist ein Defizit im Feld „Wissen“ (8) vor.

Beide Bewohner arbeiten ganztags. Obwohl sie ihre Berufe mögen, hätten sie gern Platz für Kreativität. Ihre Beziehung ist harmonisch, aber trotz zweier Gehälter haben sie Geldsorgen.

Der Raum mit seinen zahlreichen und schweren Möbeln wirkt sehr voll. Der Weg von der Eingangstür in die übrigen Räume führt durch diesen Bereich, was für viel Unruhe sorgt. Ein großer Spiegel mit Holzrahmen gibt einen schönen Blickfang ab, läßt aber den darunter stehenden Fernseher viel zu dominant werden. Da beide Bewohner sich mehr Ruhe wünschen, wäre es sinnvoll, dem Fernseher weniger Gewicht im Raum zu geben.

Die starken Kontraste zwischen den lebhaften und ausdrucksvollen Farben, Bildern und Strukturen lassen den Raum kleiner erscheinen. Der Spiegel und ein schwerer Schrank wirken erdrückend, durch die senfgelben Wände scheint der Raum überfüllt. Ein hellerer Farbton wäre günstiger, er würde die Kontraste reduzieren und mehr Licht in den Raum bringen. Weitere Veränderungen sind vor allem in den Feldern „Reise“ (1), „Reichtum“ (4), „Kreativität“ (7) und „Wissen“ (8) nötig.

Allzu viele Trockenblumen und Sträuße getrockneter Rosen brachten den Fluß des Ch'i in diesem Raum zum Stillstand. Ein Strauß lag im Feld „Karriere“ (1), ein anderer im Feld „Wissen“ (8). Beide wurden entfernt, ebenso die beiden hohen Pflanzen im Feld „Wissen“, die den schmalen Durchgang zusätzlich einengten. So wird auch der Streß in diesen Lebensbereichen gemindert.

Die drei langen Regale im Feld „Karriere“ (1) wirkten durch die große Menge Bücher und dekorativen Krimskrams unübersichtlich, wuchtig und dadurch zu dominant. Zusätzlich wurde ihr Bild vom Spiegel über dem Kamin reflektiert. Das oberste Regal wurde ganz freigeräumt. Zwei helle Bilder statt der Bücher sorgen für mehr Leichtigkeit. Die Motive haben eine enge Beziehung zu den beruflichen Zukunftswünschen der Bewohnerin, was sie bei ihrer Verwirklichung unterstützen wird.

Das Feld „Reichtum" in diesem Raum wurde ganz von einem hohen, schweren Holzschrank beherrscht, der schräg in einer Ecke stand. Der Schrank wurde gerade ausgerichtet und wirkt so weniger dominant. Günstig ist das nach oben gerichtete Licht der Wandlampe und des Deckenfluters. Die Trockenblumen und die spitzblättrige, sparrige Yucca wurden entfernt und durch eine weicher wirkende, rundblättrige Pflanze ersetzt.

Die Fenster des Wohnzimmers waren schmutzig, der Blick in die Welt draußen war verschleiert. Eine gründliche Reinigung bringt Licht und Energie in den Raum – und mehr Klarheit ins Leben.

Um dem Fernseher etwas von seinem negativen optischen Gewicht zu nehmen, wurde er hinter einem attraktiven Ofenschirm versteckt. Die Regale unterhalb wurden aufgeräumt, überflüssige Bücher entfernt.

Im Feld „Familie" (3) stand ein altes, braunes Ledersofa. Seine Federung war defekt, sie bot keine Stütze mehr. Hier verpuffte viel Energie, was sich auch im gegenüberliegenden Feld „Kreativität" (7) auswirkte. Da aber gerade die Kreativität der Bewohnerin jede Unterstützung braucht, sollte das Sofa entfernt, ersetzt oder repariert werden.

Quer durch den Raum zieht sich ein Träger. Weil er passend zur Decke weiß gestrichen ist und zusätzlich Strahler in ihm versenkt sind, hat er kaum negativen Einfluß. Man sollte sich allerdings nicht direkt unter ihn setzen.

Der Couchtisch war praktisch, nahm aber sehr viel Platz ein. Das war vor allem darum hinderlich, weil er genau im Durchgangsbereich von der Eingangstür der Wohnung stand. Er wurde durch einen kleineren, stoffbezogenen Hocker mit abgerundeten Ecken ersetzt.

Nachher links **Vorher** oben

Der Raum enthielt ein hohes Maß an Baumenergie, repräsentiert von dem schweren Holzschrank und dem wuchtigen Rahmen des Spiegels. Diese dynamisch nach oben strebende Energie brauchte ein Gegengewicht. Eine ovale, cremefarbene Tischdecke schafft einen Ausgleich (die Farbe Weiß und runde Formen stehen für Metallenergie, welche Baumenergie kontrolliert). Auch ein runder, beigefarbener Teppich auf dem Holzfußboden wäre sinnvoll.

OBEN Wenn der Kamin im Winter benützt wird, sieht er sehr einladend aus. Ansonsten ist er ein dunkles Loch im Raum. Eine Schale mit blühenden Blumen ist eine schöne Dekoration, die die Energie hier nach oben lenkt.

RECHTS Die dunkle Ecke des Zimmers wird durch den Tisch mit den Blumen, indirekte Beleuchtung und den Spiegel belebt. In diesem Raum stimuliert das Arrangement die Energie im Feld „Reichtum“ (4).

GEGENÜBER Am wohlsten fühlen wir Menschen uns, wenn wir unsere Umgebung gut im Blick haben. Ideal ist ein Sitzplatz mit einer soliden Wand im Rücken. Wo das nicht möglich ist, sollte man wenigstens die Tür gut sehen können.

TIPS FÜR WOHNZIMMER

• Runde Tische sind wesentlich günstiger für Räume, die eine ungezwungene, behagliche Ausstrahlung haben sollen.

• Tische mit Glasplatte sollten Sie meiden, vor allem, wenn das Glas ungerahmt ist. Mit den Knien nahe der harten Kante kann man nur schwer entspannt sitzen.

• Gelb ist eine warme, heitere Farbe. Sie eignet sich gut für das Wohnzimmer, weil sie Energien anzieht. Ein allzu intensiver Ton kann aber die Entspannung beeinträchtigen. In sehr kleinen Räumen sollten Sie Gelb ebenfalls meiden.

• Frische Schnittblumen erfrischen die Energien, darum lohnt sich diese Investition. Trockenblumen dagegen können den Energiefluß ins Stocken bringen. Sie sollten häufig ausgewechselt werden.

• Sorgen Sie dafür, daß im Wohnzimmer vor allem Platz für Menschen ist. Stellen Sie den Raum nicht mit Möbeln voll.

• Sofas und Sessel sollten nicht unter Deckenbalken plaziert werden. Wer dort regelmäßig sitzt, könnte Kopfschmerzen bekommen.

• Sofas und Sessel sollten nie einer spitzen Ecke oder einer scharfen Kante gegenüber stehen. Das schneidende Ch'i, das von solchen Ecken ausgeht, kann Unbehagen verursachen.

Der Landhausstil ist gewiß nicht jedermanns Geschmack. Achten Sie aber darauf, daß Ihre Küche durch glänzende Armaturen und metallene Accessoires nicht die kalte Funktionalität einer Fast-Food-Küche bekommt. Solche Küchen mögen zwar hell und sauber wirken, ihre Nüchternheit wirkt sich aber auf die dort zubereiteten Speisen aus. Integrieren Sie möglichst viele Naturmaterialien in die Küche und sorgen Sie dafür, daß auch dieser Raum so behaglich wie möglich ist. Essen, das in einer angenehmen Atmosphäre zubereitet wird, schmeckt einfach besser. Die kühle Wirkung von Metall und Marmor läßt sich durch natürliche, rustikale Accessoires ausgleichen.

Helle Farben sorgen in Küche und Eßzimmer für ausgeglichene Stimmung. Gelb und Grün sind besonders günstig. Rottöne sollten Sie nur gelegentlich für Accessoires auf dem Eßtisch verwenden, wenn Sie die Tischgespräche anregen möchten.

Am angenehmsten arbeitet es sich in hellen, geräumigen Küchen. Sorgen Sie dafür, daß vor allem die Arbeitsbereiche optimal ausgeleuchtet sind. Für den Eßtisch eignet sich sanfte, gezielte Beleuchtung oder Kerzenlicht besser.

KÜCHEN & ESSZIMMER

Küche und Eßzimmer haben eine besondere Bedeutung für die Erhaltung der Gesundheit – schließlich ist es die Nahrung, die wir kochen und zu uns nehmen, die uns gesund erhält.

Die Küche ist das Herz des Hauses. Im Hinblick auf unsere Ernährung – die körperliche wie die geistige – ist sie der wichtigste Raum. Darum ist es wesentlich, daß die Person, die in der Familie das Kochen übernimmt, dies in einer ruhigen Atmosphäre mit möglichst wenig Störungen tun kann. Wird der Koch empfindlich gestört, so verringert das die Energie, die er seiner Arbeit widmen kann. Andererseits ziehen wir unsere Lebensenergie aus den in der Küche bereiteten Mahlzeiten. Herrscht dort Chaos, leidet die Qualität des Essens darunter. Eine Küche sollte sauber, übersichtlich und aufgeräumt sein. Ausreichend Platz, gute Organisation und genug Stauraum sorgen dafür, daß das Ch'i sie ungehindert durchströmen kann. Bereiten Sie Ihr Essen nicht in Ecken vor, in denen Sie den negativen Einflüssen scharfer Kanten, etwa von Regalböden, ausgesetzt sind.

Die Lage der Küche im Haus hat Auswirkungen auf das Familienleben. Liegt die Küche außerhalb des Hauptteiles, etwa in einem Versprung seitlich der Eingangstür, werden die Bewohner wahrscheinlich oft auswärts essen. Sieht man direkt von der Haustür in die Küche hinein, spielt Essen im Leben eine zentrale Rolle. Wenn Gäste freien Blick in die Küche haben, werden sie häufiger zum Essen bleiben. Der Schlüssel für die Harmonie innerhalb der Küche ist die Lage des Herdes in Beziehung zur Tür, zur Spüle und zum Fenster (siehe Seite 108).

An einem bequemen und ruhigen Platz ißt man am besten. Ablenkung durch lebhafte Bilder an den Wänden oder Unordnung auf dem Tisch wirkt sich ungünstig aus. Die Hauptelemente einer Küche sind Wasser und Feuer. Baumenergie schafft für beide Elemente einen Ausgleich, darum sind Holz und die Farbe Grün für Küchen sehr empfehlenswert. Ideal ist ein separates Eßzimmer. Steht der Eßtisch jedoch in der Küche, räumen Sie alle Kochutensilien vor dem Essen weg oder schirmen Sie den Arbeitsbereich durch geschickte Beleuchtung optisch ab. Ein Punktstrahler über dem Eßtisch oder Kerzen zentrieren die Aufmerksamkeit stärker auf das Essen als eine helle Raumbeleuchtung.

Vorher

Die Bewohner dieses großen Hauses, in das sie sich vom ersten Moment an verliebten, leben erst seit drei Monaten hier. Offensichtlich haben sie in vieler Hinsicht den gleichen Geschmack wie die vorherigen Besitzer – große, freie Räume, weiße Wände und in allen Räumen ein Bodenbelag aus naturbelassener Jute. Allerdings hatten die Vorbewohner drei Kinder, das Haus ist erkennbar für eine Familie gebaut und eingerichtet worden. Die jetzigen Besitzer kennen sich seit zwanzig Jahren, sie haben keine Kinder. Nun müssen sie den vorhandenen Raum neu definieren und für sich und ihre Arbeit in Besitz nehmen. Familienbereiche in einen Arbeitsbereich umzuwandeln, ist kein Problem, solange die Veränderungen klar und entschieden vorgenommen werden.

Die schmale Küche liegt zwischen Diele und Eßzimmer im Zentrum des Hauses. Sie wirkt durch die Kombination von weißen Fliesen und grauem Marmor sehr streng und nüchtern. Insgesamt hat die Farbe Weiß in diesem Haus einen hohen Anteil, seine sachliche Kühle sollte gemildert werden. Auch das Eßzimmer hat eine herbe Atmosphäre, in der das entspannte Genießen schwer fällt. Hier sind appetitanregende Objekte für Küche und Eßplatz erforderlich, wenn nicht das Kochen und Essen zu einem bloßen funktionalen Vorgang verkommen sollen.

Das Eßzimmer liegt in einem später hinzugefügten Anbau auf der Rückseite des Hauses. So entsteht ein Fehlbereich im Feld „Reichtum" (4). Die Frau ist auf der Suche nach einem kreativen Ausgleich für ihre berufliche Tätigkeit. Ein Garten wäre eine Lösung, weil er die Möglichkeit bietet, sich der entspannenden Beschäftigung mit der Natur zu widmen.

In Küche und Eßzimmer sind einige Veränderungen sinnvoll, weil diese Bereiche konkrete Auswirkungen auf die Gesundheit der Bewohner in ihren Wänden haben. Nicht zufällig leidet sie fast ständig an Erkältung und er an Tinnitus. Beide brauchen dringend Nahrung, die Geist und Körper gesund erhält.

Die Besitzer dieser Küche waren gesundheitlich angegriffen, darum war es wichtig, eine aufbauende Atmosphäre zu schaffen. Die Küche war durch das viele glänzende Metall – von Pfannen über Kessel, Obstschale und Flaschenregal bis zu den Salz- und Pfefferstreuern – kalt und nüchtern. Viele Naturmaterialien geben dem Raum Wärme und Behaglichkeit.

Ein großes Schneidebrett und ein hölzernes Abtropfgestell stehen nun zwischen der Spüle mit ihrer Wasserenergie und dem Herd, der Feuerenergie verkörpert. So wird der Energie-

fluß zwischen den beiden Bereichen harmonisiert.

Moderne High-Tech-Küchen sehen zwar faszinierend aus, doch hält sich keiner gerne für längere Zeit darin auf. Die Kombination von kühlem Braugrün und warmen Naturholztönen ist ansprechend, aber die Küche wirkt noch immer sehr kahl. Körbe für Gemüse und Töpfe mit frischen Kräutern bringen mehr Leben in den Raum. Durch die sanften Holztöne wird die Küche heimeliger und weniger steril, was sich auf das Essen auswirkt, welches hier zubereitet wird.

Das Feld „Reichtum" (4) liegt in einem Fehlbereich. Zwar haben die Bewohner keine finanziellen Probleme, die Hausfrau empfindet das Bezahlen von Rechnungen dennoch gelegentlich als belastend. Ein Spiegel in der Größe einer Kochplatte über dem Herd würde schon ausreichen, um symbolisch den Wohlstand der Familie zu verdoppeln.

Nachher oben und unten

Im Eßzimmer stand nichts außer einem runden Tisch mit vier Regiestühlen. Ein Raum wie dieser ist ideal für sachliche, angeregte Diskussionen, aber sicherlich nicht für die alltäglichen, gemütlichen Mahlzeiten eines Paares.

Die Partner haben zwar keine Probleme mit ihrer Beziehung, dennoch ist es gut, selbst die stimmigen Lebensbereiche zu schützen. Das ist vor allem in einer veränderten Lebenssituation, etwa nach einem Umzug, wichtig. Beiden Partnern ist bewußt, daß sie durch ihre vielen beruflichen Verpflichtungen nur wenig gemeinsame Zeit haben. Eine gemeinsame Mahlzeit am Tag in behaglicher Atmosphäre kann dieses Defizit schon ausgleichen. Da das Eßzimmer im Bereich „Beziehungen" (2) der Wohnung liegt, ist es der richtige Ort, um ihr gemeinsames Leben zu optimieren.

Damit Mahlzeiten niemals unter Zeitdruck eingenommen werden, wurde die Wanduhr entfernt. Das Landschaftsbild, das stattdessen dort hängt, zeigt eine Landschaft in erdigen Tönen, die die Beziehung stärken. Die warmen, beruhigenden Rosétöne symbolisieren dezente Romantik. Ideal wäre hier allerdings ein Bild in Gelb, welches die Energie der Erde repräsentiert, etwa ein Paar leuchtender Sonnenblumen.

Vorher

Insgesamt mußte in diesem Eßzimmer eine einladendere Atmosphäre geschaffen werden. Der Tisch war zwar rund, aber völlig kahl. Runde, orangefarbene Früchte in einer runden Schale auf dem runden Tisch haben geradezu magnetische Anziehungskraft. Die einfache Baumwolltischdecke wirkt unkompliziert und natürlich. Das Eßzimmer liegt zwar nicht im Feld „hilfreiche Menschen" (6), trotzdem werden sich Freunde hier gern einfinden.

Je nach Jahreszeit kann die Atmosphäre im Raum verändert werden. Andere Blumen und ein Tischtuch in anderen Farben reichen dafür schon aus. Frisches Grün paßt zum Frühling, im Sommer sind kühle Blautöne günstig, und für den Herbst eignet sich warmes Gelb. Der Raum ist sehr sonnig, weil zwei Wände und ein Teil der Decke verglast sind. Vor allem im Winter ist es wichtig, die Energieströme mit Hilfe von Terracottagefäßen, Keramik und Pflanzen im Raum festzuhalten; warme Rottöne und Erdfarben tun ein Übriges.

Die Decke ist sehr hoch, aber die Bilder und Pflanzen halten den Blick im unteren Bereich fest. Die leere Wand links im Feld „Familie" (3) bietet sich für Fotos der Angehörigen beider Partner an. Bilder, die die Bewohner und ihre Eltern zeigen, fördern ein harmonisches Verhältnis und helfen dabei, gefühlsmäßige Verletzungen zu heilen.

Ein kleiner Kristall in der Terrassentür schafft einen Ausgleich für das fehlende Feld „Reichtum" (4). Eine gute Außenbeleuchtung und farbenfrohe Pflanzen auf der Fensterbank haben eine ähnliche Wirkung.

LINKS Stellen Sie einen Tisch möglichst nicht in einen Durchgang oder in einen Raum mit vielen Türen. Bei so viel Unruhe kann man sein Essen nicht genießen und verdauen. Auch in der Strömung von schneidendem Ch'i, die von spitzen Ecken ausgeht, sollte ein Eßtisch nicht stehen. Die weichen Linien des Wandbordes dagegen tragen zur entspannten Stimmung bei, die in diesem Eßzimmer geschaffen wurde.

RECHTS Die Lage des Herdes kann beträchtliche Auswirkungen auf die Qualität des Essens haben. Der Koch sollte möglichst nicht mit dem Rücken zur Tür stehen. Es ist auch ungünstig, den Herd unter ein Fenster zu stellen, weil in diesem Fall viel Energie durch die Scheibe entweicht. Ideal ist eine dreiecksförmige Anordnung von Herd, Kühlschrank und Spüle. Da Feuer das natürliche Medium zum Kochen ist, sollten Sie einem Gasherd den Vorzug vor einem elektrischen Herd geben. Ein Eßtisch aus Holz ist natürlich und solide, Glastische sind weniger günstig.

LINKS Bevorzugen Sie weiche Linien, wo immer es möglich ist. So können die Energieströme ungehindert durch den Raum fließen. Der runde Eßtisch und die Anrichte mit den geschwungenen Türen machen diese Wohnküche zu einem behaglichen Raum.

RECHTS Hängen Sie keine Bilder mit abstrakten Motiven im Eßzimmer auf. Selbst unbewußt beschäftigt sich sonst das Gehirn mit dem Entschlüsseln solcher Darstellungen, während Sie essen. Einer dieser farbenfrohen Drucke zeigt eine Straße mit der für den Eßbereich sehr passenden Aufschrift „Slow".

TIPS FÜR KÜCHEN UND ESSZIMMER

• Herd, Spüle und Kühlschrank sollten ein Dreieck bilden. Steht die Spüle neben dem Herd, legen Sie ein hölzernes Schneidebrett dazwischen, um ein Gleichgewicht zwischen den Energietypen Baum, Feuer und Wasser herzustellen.

• Stehen Sie am Herd mit dem Rücken zur Tür, hilft ein glänzender Toaster, ein Spiegel sowie ein Windspiel in der Küchentür, Besucher rechtzeitig anzukündigen, damit Sie nicht erschrecken.

• Der Kühlschrank kann gegenüber der Tür stehen, weil Sie dort nur wenig Zeit verbringen. Viele frische Lebensmittel symbolisieren den Wohlstand des Haushaltes.

• Gute Beleuchtung ist unerläßlich. Vor allem die Arbeitsflächen müssen optimal ausgeleuchtet sein.

• Auch gute Lüftung ist wichtig. Dampf und Gerüche aus der Küche sollten nicht durch das ganze Haus ziehen.

• Keine Uhren im Eßbereich: Man ißt sonst automatisch viel zu schnell.

• Bevorzugen Sie natürliche Materialien. Glänzende Edelstahlflächen sind praktisch, aber kalt und unbehaglich.

• Helle Farben schaffen im Eßbereich eine ruhige Atmosphäre. Rottöne können bei Bedarf eingesetzt werden, um beispielsweise die Tischgespräche anzuregen.

SCHLAFZIMMER

Das Schlafzimmer ist ein Ort des privaten Rückzugs, fernab vom Lärm und Streß der Welt draußen, in dem man nach einem langen Tag Ruhe finden möchte. Ideal ist eine geborgene Atmosphäre, in der sich Entspannung und Erholung von allein einstellen.

Immer mehr Menschen spüren, daß das tägliche Übermaß an Beschäftigung, Eindrücken und Informationen Dauerstreß verursacht. Um so dringender brauchen wir am Ende eines Tages einen Rückzugsort, an dem selbst Anregung, Ablenkung und Unterhaltung ausgeschlossen sind. Eines der schönsten Geschenke, die Sie sich selbst machen können, ist ein sparsam eingerichtetes Schlafzimmer, in dem Augen und Geist von der Reizüberflutung ausruhen dürfen.

Ideal zum Schlafen ist ein kleiner Raum, in dem die Energieströme ruhiger fließen. Entfernen Sie alles, was Ihren Schlaf beeinträchtigen könnte. Die Kleider, die Sie getragen haben, stecken noch voller Energie des Tages und der Außenwelt. Hängen Sie sie möglichst in einem Nebenraum oder einem begehbaren Schrank auf. Es ist nicht immer einfach, solche Lösungen zu finden, aber ein wenig Nachdenken zahlt sich durch ungleich besseren Schlaf aus.

Die Lage des Schlafzimmers im Haus und die Anordnung der Möbel darin haben ebenso Auswirkungen auf Ihre Gesundheit. Am deutlichsten spüren Sie das am Morgen: Wachen Sie vital und erfrischt auf, bereit, aus dem Bett zu springen? Der günstigste Platz für ein Schlafzimmer ist die Rückseite des Hauses, weit weg von den unruhigeren Energieströmen im Bereich der Haustür. Wenn Sie in ein neues Haus ziehen, schlafen Sie zur Probe in verschiedenen Zimmern und versuchen Sie, die Eigenschaften der Energie zu erspüren, ehe Sie Ihre endgültige Entscheidung treffen. Schlafzimmer, die außerhalb des Hauptteils des Hauses liegen, sollten Sie vermeiden. Sie können zur Folge haben, daß ein Partner oder auch beide die meiste Zeit außer Haus verbringen – was der Beziehung gewiß nicht guttut. Wohnen Sie in einem Mietshaus, sollten Sie es vermeiden, über einem unruhigen Flur zu schlafen. Der ständige Energiefluß unter Ihnen kann den Schlaf empfindlich stören.

Die Behaglichkeit eines Schlafzimmers ist wichtiger als seine Größe. Ideal sind symmetrische Räume. Winkel und Nischen machen den Raum unruhiger. In Wohnräumen ist das kein so großes Problem, Schlafzimmer leiden darunter. Sehen Sie sich genau im Raum um. Nichts soll Ihren Schlaf stören. Spiegel, elektrische Geräte, aufdringliche Bilder und lebhafte Farben: All das kann eine Beeinträchtigung der tiefen Entspannung mit sich bringen.

Selbst wenn Sie ein großes Schlafzimmer haben: Widerstehen Sie der Versuchung, es mit Möbeln vollzustellen. Die Bewohner dieser großen Stadtwohnung haben einen Raum geschaffen, der Ruhe ausstrahlt. Damit der Raum nicht leer wirkt, haben sie sich für ein übergroßes Bett entschieden.

Durch die großen Fenster hat man einen weiten Blick über die Stadt. Der negative Einfluß des Fensters hinter dem Kopfende wurde geschickt korrigiert: Paneele können zugeschoben werden, so daß der Eindruck einer festen Wand entsteht, und der Raum geschlossen wirkt.

Der Raum ist durch seine Symmetrie sehr ausgewogen. Zu beiden Seiten des Bettes stehen identische Nachtschränkchen, die beiden Bilder darüber wirken sich förderlich auf die Beziehung aus. Dies ist kein Schlafzimmer, um sich auch tagsüber zurückzuziehen. Dennoch wird es den Bewohnern durchaus gerecht.

Das Sonnenlicht läßt den Raum kräftig gelb leuchten. Der Einfluß der Farbe von Erdenergie ist für einen Schlafraum allerdings etwas zu intensiv. Die weiße Bettdecke, die Metallenergie symbolisiert, schafft einen idealen Ausgleich.

Nachher

Den Bewohnern dieses Schlafzimmers gefällt die sachlich-schlichte Atmosphäre. Der Raum sollte durch intensivere Farben wärmer und behaglicher gestaltet werden, mußte aber zum Stil der Besitzer passen. Zwei Decken und einige Kissen in erdigen Tönen bringen Farbe in den Raum, die allerdings auf klar begrenzte Bereiche beschränkt bleibt.

Mit dem Kopf unter der Dachschräge zu schlafen, kann Unbehagen verursachen. Hier sollte die Energie nach oben gelenkt werden. An beiden Kopfenden wurden aufrecht wachsende Pflanzen und frei stehende Deckenfluter aufgestellt. So ist genug Licht zum Lesen vorhanden, gleichzeitig wird aber auf Nachtschränkchen mit ihrer typischen Sammlung von Krimskrams verzichtet.

Hinter dem Kopfende liegt die Tür zu einem Abstellraum, die verdeckt werden sollte. Eine große bezogene Spanplatte ist dafür ideal, weil sie durch ihre Baumenergie die Wand am Kopfende höher wirken läßt. Eine Musselinbahn, weich von der Oberkante der Platte bis zur Zimmerdecke drapiert, würde die bedrückende Wirkung der Schräge noch zusätzlich mildern.

Gegenüber vom Bett gibt es eine scharfe Ecke: die Wand des Treppenschachtes. Eine große Pflanze „bricht“ hier die beschleunigte Energie des schneidenden Ch'i.

Der Winkel, in dem der Fernseher stand, wurde in eine gemütliche Leseecke verwandelt. Hier liegt das Feld „Reichtum“ dieses Raumes, darum würden Pflanzen in dieser Ecke den Finanzen der Bewohner nützen. Der bequeme Sessel lädt dazu ein, sich auch tagsüber aus der Unruhe des Hauses zurückzuziehen. So kann vor allem die Hausfrau öfter einmal dem Streß entgehen und findet dadurch vielleicht auch mehr Zeit für ihre Eltern.

Vorher

Das Haus liegt in einem von Familien bevorzugten Wohngebiet, in der Nähe gibt es mehrere Schulen. Das Paar, das dieses Haus bewohnt, möchte keine Kinder haben. Beide sind freiberuflich tätig, darum verwenden Sie die ursprünglichen Kinderzimmer als Arbeitsräume. Ihre letzte Wohnung war zu eng geworden. Bald nachdem sie in dieses geräumige Haus gezogen waren, nahmen ihre Geschäfte einen deutlichen Aufschwung, die Frau hat jetzt weitaus mehr Klienten.

Dennoch fühlt sie sich schon seit zwei Jahren zwischen ihren Arbeitsbereichen hin- und hergerissen und dadurch belastet. Sie hat finanziell zu kämpfen, um ihren Anteil an den laufenden Kosten des Hauses zu tragen, worunter sie besonders leidet. Eine Fortbildung soll die Lage verbessern – fordert aber noch mehr zeitlichen Einsatz. Er ist mit seiner Tätigkeit als Forscher und Schriftsteller sehr zufrieden. Ihre Beziehung ist harmonisch, aber beide bedauern, daß sie so wenig Zeit miteinander verbringen. Darüber hinaus fühlt sie sich isoliert. Ihr fehlt die Zeit, um Freundschaften zu pflegen, sie vermißt die ehemals enge Bindung an den Freundeskreis. Zu ihren Eltern hat sie eine positive Beziehung, aber auch zuwenig Zeit. Er scheint mit seinen Eltern nicht so gut zurechtzukommen, leidet aber nicht darunter.

In der Küche und im Eßzimmer wurden schon Veränderungen vorgenommen. Auch im Schlafzimmer sind Eingriffe sinnvoll, da beide Partner nicht gut schlafen. Er leidet seit dem Einzug in dieses Haus an Schlafschwierigkeiten, sie fühlt sich oft müde und ist häufig erkältet. Sie ist ständig in Bewegung, findet keine Zeit für Kreativität, Ruhe und Beschaulichkeit. Änderungen im Bereich „Wissen“ (8) helfen dabei, die Schlafqualität beider zu verbessern und die Frau bei der Bewältigung ihres derzeitigen Lebens zu unterstützen. Korrekturen im Feld „Familie“ (3) fördern die Beziehung zu den Eltern. Ausgleichende Schritte in den Feldern „hilfreiche Menschen“ (6) zur Anregung sozialer Kontakte und „Kreativität“ (7) sind im unteren Stockwerk unternommen worden.

Feng Shui beschäftigt sich nicht nur mit der Energie von Räumen, sondern auch mit der Energie von Menschen. Die Ausstrahlung von Menschen kann sich auf Räume und Gegenstände übertragen. Manchmal spürt man nur anhand der „Schwingungen", daß ein Vorbesitzer einer Immobilie unglücklich war. Es ist wichtig, Gegenstände aus einer Wohnung zu beseitigen, die von der Energie der Vorgänger erfüllt sind. Wenn Ihnen ein Stück besonders gefällt und Sie es gern „erben", reinigen Sie es gründlich und nehmen Sie es dadurch in Besitz. In diesem Raum wurde der rosa Vorhang am Kopfende entfernt, das warf aber ein neues Problem auf: Das Bett braucht jetzt ein Kopfteil.

Symmetrie sorgt für Ausgewogenheit, die hier durch zwei gleiche Nachttische geschaffen wurde. Zum vorhandenen kam ein zweiter runder Tisch dazu, beide wurden mit rosa Decken versehen. Die Glasplatte wurde entfernt, weil dieses harte Material in der Nähe eines Bettes ungünstig ist. Zwei Pflanzen wurden aufgestellt, der Bücherstapel weggeräumt.

Durch die Kabel elektrischer Geräte fließt auch dann Strom, wenn die Geräte ausgeschaltet sind. Darum sollten Sie es sich angewöhnen, vor dem Einschlafen die Stecker aus den Dosen ziehen. Verzichten Sie auf einen elektrischen Radiowecker , da das elektromagnetische Strahlungsfeld die Schlafqualität erheblich beeinträchtigt. Ein Wecker mit Handaufzug oder Batterien ist wesentlich günstiger.

Nachher

Vorher

Die Bewohner dieses dreistöckigen Hauses leben seit zweieinhalb Jahren hier, fühlen sich aber noch immer nicht ganz zu Hause. Die Kinder sind recht häufig krank, die Mutter möchte sich beruflich umorientieren, sie selbst ist gesundheitlich auch instabil. Sie und ihr Mann fühlen sich fast dauernd müde, keiner von beiden wacht am Morgen frisch und ausgeruht auf. Obwohl ihre Beziehung im Grunde intakt ist, fühlen sie sich einander zur Zeit nicht so nahe, wie sie es sich wünschen.

In der Diele des Hauses (siehe Seite 84–87) wurden Korrekturen vorgenommen, um die beruflichen Perspektiven zu verbessern. Nach einem genaueren Blick auf alle Räume im Haus wurde klar, daß die Ursachen für das mangelnde Wohlbehagen und die angegriffene Gesundheit der Partner im Elternschlafzimmer liegen.

Der Raum wirkt viel zu voll. Da ist das große Bett mit der unruhigen Patchwork-Tagesdecke und den großen Kissen. Die Nachttische passen nicht zusammen: einer ist rund und hat eine gläserne Abdeckplatte, der andere ist eckig und auf beiden Ebenen mit Büchern vollgestapelt. Der rosa Vorhang hinter dem Bett stammt noch von den vorigen Bewohnern. Die jetzigen Besitzer mögen ihn nicht besonders, konnten sich aber nicht dazu aufraffen, ihn abzunehmen. Die Wand am Fußende des Bettes, auf die nach dem Aufwachen der erste Blick fällt, ist vollkommen leer.

Von einer Seite des Bettes aus sieht man durch den Korridor, der zugleich Ankleidezimmer ist, ins Bad. Auf dieser Seite schlief bisher der Mann, aber kürzlich schlug er einen Tausch der Seiten vor – einfach, weil ihm die seine unbehaglich wurde. Jetzt schläft sie deutlich schlechter. Einer der wichtigsten Störfaktoren für den Schlaf des Mannes ist der elektrische Radiowecker auf seinem Nachttisch.

Vorher

Ein einfacher Musselinvorhang wurde in den Durchgang zum Bad gehängt. So wirkt die Form des Schlafzimmers regelmäßiger. Außerdem haben beide Partner vom Bett aus annähernd den gleichen Ausblick sowie gleichwertige Schlafplätze, was der Beziehung nur gut tun kann.

Das Fußende des Bettes liegt im Feld „Karriere", darum ist es für die Hausfrau von besonderer Bedeutung. Der erste Blick am Morgen und der letzte Blick am Abend fällt hierher, Grund genug, eine anregende Dekoration in diesem Bereich einzubringen. Darstellungen von fließendem Wasser sind im Feld „Karriere" sinnvoll, aber auch Motive, die in einem symbolischen Zusammenhang zu ihren Lebenszielen stehen. Die Bewohnerin entschied sich schließlich für ein Bild mit Segelbooten auf einem Fluß.

Es ist gut, in Schlafräumen der frei strömenden Energie Grenzen zu setzen, etwa durch ein Bett mit Kopf- und Fußteil oder durch ein kompaktes Möbelstück. Das Bett hat zwar noch kein Kopfteil, das Schlafzimmer ist aber groß genug, um am Fußende einen Tisch aufzustellen. Auch er dient den Energien als „Anker". Das blaue Muster des schönen alten Waschgeschirrs symbolisiert wiederum die Farbe und Energie des Wassers, die eng mit dem Feld „Karriere" verknüpft sind. Der Raum wirkt ruhiger, nachdem die Patchwork-Tagesdecke durch eine schlichtere Decke ersetzt wurde.

Der einzige Spiegel im Raum wurde so aufgehängt, daß beide Partner sich ganz darin sehen können. Im Spiegelbild sollte keinesfalls ein Teil des Kopfes abgeschnitten sein, denn dies kann negative Auswirkungen auf das Wohlbefinden haben.

Nachher

Vorher

Dieses Bett wird durch einen Balken an der Decke buchstäblich in zwei Hälften geteilt. Darin könnte die Ursache dafür liegen, daß die Hausfrau oft an Schlafschwierigkeiten leidet. Der Raum ist zu klein, um das Bett umzustellen. Man könnte den Balken aber mit einem leichten Stoff verhüllen, um seine negative Wirkung zu reduzieren.

Die gewichtige Kommode gab dem Raum zwar Stabilität, doch war es nötiger, den Raum offener zu gestalten, um dem Gefühl von Stagnation entgegenzuwirken. Die Trockenblumen wurden entfernt, die Kommode fand im Nebenraum einen neuen Platz. Dadurch ist viel Bewegungsfreiheit gewonnen worden – für die Bewohner und für die Energieströmungen.

Das Fußende des Bettes liegt nun frei und ungeschützt. Eine gestreifte Tagesdecke in

Manche Probleme können durch Korrekturen in einem Raum behoben werden, bei anderen sind Veränderungen im ganzen Haus nötig. Dieses Schlafzimmer gehört zu der Wohnung, die Sie schon auf den Seiten 96–99 kennengelernt haben.

Veränderungen allein in diesem Zimmer würden das Wohlbefinden und die Beziehung der Bewohner nicht verbessern. Das Schlafzimmer liegt im Feld „Beziehungen" (2), was günstig ist, da die beiden vorhaben, zu heiraten. Sie schläft jedoch nicht gut und wacht am Morgen oft müde auf. Er fühlt sich ausgelaugt, weil er sehr viele Überstunden macht. Obwohl die Schlafprobleme im Zentrum der Beratung stehen, berühren sie auch andere Problembereiche – gemeinsame und individuelle.

Es gibt viele Gründe, warum sie in diesem Schlafzimmer nicht gut schläft. Zunächst einmal machen die Veränderungen in der Beziehung ihr große Sorgen. Beide Partner leiden darunter, daß keiner von ihnen Zeit für sich selbst hat. Und beide würden gern etwas Zeit und Energie auf kreative Beschäftigungen verwenden, die mit dem Beruf nichts zu tun haben. Hier müssen die Felder „Kreativität" (7), „Beziehungen" (2) und „Wissen" (8) genauer in Augenschein genommen werden.

Insgesamt soll dafür gesorgt werden, daß das Ch'i leicht und ungehindert durch das Schlafzimmer strömen kann. Wo die Energie ins Stocken gerät, stockt sie meist auch in den korrespondierenden Lebensbereichen.

Nachher

Der Schlafraum ist recht klein, mehr als das Doppelbett und ein Kleiderschrank passen nicht hinein. Trotz seiner geringen Größe vermittelt der Raum keine Geborgenheit, denn der hohe Weißanteil (Wände, Bettdecke und Kissen) macht die Atmosphäre kühl. Der zweite Schlafraum in der Wohnung ist noch kleiner, er kann kaum als Zimmer bezeichnet werden. So ist es günstiger, ihn als gut organisierten Abstellraum oder begehbaren Schrank zu nutzen und dadurch in den anderen Zimmern mehr Platz zu schaffen.

Die wuchtige Kommode am Fußende des Betts erdrückt den Raum, sie läßt nur einen sehr schmalen Durchgang frei. Das schwere Möbel füllt optisch das ganze Schlafzimmer aus und versperrt auch der Energie den Weg. Zudem steht die Kommode im Kreativitätsfeld dieses Zimmers, das so blockiert wird.

Der Strauß getrockneter Rosen auf der Fensterbank befindet sich im Kreativitätsbereich der Wohnung. Die Rosen sind allerdings so leblos wie die Kreativität der Bewohnerin ungenutzt. Ihr fehlt eine klare Richtung, um neue, erfolgversprechende Zukunftspläne zu schmieden.

Über dem Kopfende des Bettes hängen zwei impressionistische Bilder mit kaum erkennbaren Motiven, die Beziehungsecke wird von der Bleistiftzeichnung eines traurigen, blassen Mädchens mit niedergeschlagenem Blick eingenommen – wohl kaum ein anregender Anblick, wenn man am Morgen die Augen aufschlägt.

kräftigen Farben markiert daher das Ende des Bettes. Durch diesen klar bezeichneten Rahmen wird auch die Beziehung der Partner unterstützt. Die Streifen in warmen Orange- und Goldtönen machen die Atmosphäre freundlicher. Rottöne wirken anregend, auch auf die Beziehung der Bewohner. Ein zarter Roséton an den Wänden könnte ebenfalls die Harmonie verstärken, manchem ist diese Farbe aber zu feminin.

Der rechteckige Spiegel gegenüber vom Bett hatte besonders negative Auswirkungen auf die Schlafqualität. Sein Platz wird nun von einem Bild eingenommen, das eine Wildblumenwiese mit Spaziergängern darstellt. Das Portrait des traurigen Mädchens wurde durch ein Bild mit zwei schönen Blüten ersetzt.

TIPS FÜR SCHLAFRÄUME

• Stellen Sie Ihr Bett möglichst nicht genau gegenüber der Tür auf. Sie sind sonst der in den Raum strömenden Energie ähnlich unmittelbar ausgesetzt wie einem Luftzug. Sie sollten die Tür jedoch gut sehen können. Hinter dem Kopfende ist eine feste Wand besser als ein freier Bereich oder ein Fenster.

• Ein Bett sollte nicht direkt unter einem Deckenbalken oder einem Hängeschrank stehen.

• Günstig ist ein festes Kopfteil zum Anlehnen. Im Idealfall besteht es aus Holz mit rund geschliffenen Kanten, aber auch ein Kopfteil mit textiler Bespannung ist angenehm.

• Wenn Sie mit dem Rücken zur Tür liegen, hängen Sie einen Spiegel auf, damit Sie jeden sehen können, der den Raum betritt.

• Mehr als ein Spiegel sollte keinesfalls im Schlafzimmer hängen. Am besten sind runde Spiegel, die die Energien bündeln.

• Meiden Sie Betten mit Metallgestell. Sie können die elektromagnetische Strahlung verstärken, die von elektrischen Geräten im Haus ausgeht.

• Geben Sie Bettwäsche und Kissenbezügen aus Naturfasern den Vorzug vor synthetischen Stoffen.

OBEN Deckenbalken sind nicht nur in älteren Häusern ein häufiges Problem, man findet sie auch in modernen Landhäusern. Sie haben einen sehr negativen Einfluß auf die Qualität des Schlafes. Der Baldachin verringert diesen Einfluß, weil er schützend über den Köpfen der Schläfer hängt und den „Druck" des Energiefeldes von oben abfängt. Die Himmelbetten früherer Zeiten wirkten ja in dieser Weise wie Schatullen, in denen die Energien der Menschen während der Nacht bewahrt wurden. Grün ist die Farbe der nach oben strebenden Baumenergie, sie schafft zusätzlich ein Gegengewicht zu den Balken. In diesem Schlafzimmer fehlen noch Teppiche, denn der Steinfußboden kann recht kühl und ungemütlich sein.

RECHTS In diesem großen Schlafzimmer war Platz genug für einen wundervollen Rückzugsort, an dem man im Licht der untergehenden Sonne lesen kann. Große, weiche Kissen, üppige Vorhänge, frische Blumen und eine Kerze schaffen eine Atmosphäre heiterer Ruhe.

Menschen, die schwer einschlafen können, sollten ein nach Westen ausgerichtetes Schlafzimmer wählen. Ältere Menschen und solche mit morgendlichen Anlaufschwierigkeiten kommen mit Ostzimmern meist besser zurecht. Nach Süden weisende Schlafzimmer tanken den ganzen Tag lang Sonnenenergie, in Nordzimmern dagegen herrscht oft Energiemangel. Dies sind jedoch keine festen Regeln. Probieren Sie aus, wo Sie am besten schlafen.

OBEN Sanfte Farben, einfache Möbel und eine insgesamt schlichte Gestaltung geben dem Raum seine ruhige Stimmung, die dem hereinflutenden Sonnenlicht einen guten Kontrast entgegensetzt, ohne zu nüchtern zu sein. Im Wohnzimmer kann ein Stuhl oder ein Beistelltisch einfach der Dekoration dienen, in Schlafräumen sollte jedes Stück eine Funktion erfüllen, sonst macht es den Raum unruhig. Kleine Räume sind oft schon von sich aus gemütlich, sie lassen sich recht leicht in erholsame Schlafzimmer verwandeln. Weiche, sanfte Linien fördern die Entspannung. Darum sollten Sie auch Bilder und Dekorationen mit strengen, geometrischen Formen und unruhigen Mustern im Schlafzimmer meiden.

In der westlichen Kultur ist die Farbe Weiß Symbol der Reinheit, darum ist sie die ideale Farbe für Badezimmer. Allerdings wirkt sie leicht kühl und sollte durch Farbtupfer in Grün, Pfirsich, Rot oder Rosa zum Leben erweckt werden. Ein rotes Handtuch ist beispielsweise besonders wirkungsvoll, wenn die Toilette im Feld „Ruhm" steht. In diesem Bad sorgen einige Utensilien aus rotem Glas für Wärme.

Damit die durchgängige Gestaltung in einer einzigen Farbe nicht steril wirkt, wurden viele unterschiedliche Oberflächenstrukturen kombiniert – Keramik, Korbware, Holz, Glas und Baumwolle. Auch der Wechsel von geraden Linien und geschwungenen Konturen ist sehr ausgewogen.

Die schwarz-weißen Mosaikfliesen auf dem Fußboden sind sehr auffällig. Gerade im Bad, wo viel Energie durch die Abflußrohre verlorengeht, helfen sie dabei, die Energie im Raum zu halten. Auch Pflanzen stabilisieren im Bad das Gleichgewicht der Energieströmungen.

Der große ovale Spiegel mit dem reich verzierten Rahmen wirkt dennoch dezent, weil der Rahmen weiß gestrichen wurde. Er läßt nicht nur den Raum größer erscheinen, sondern unterstützt auch die Benutzer des Bades bei der kritischen Selbstwahrnehmung.

BADEZIMMER

Das Badezimmer ist ein privater Bereich, in dem man sich entspannt für die Nacht vorbereiten oder sich am Morgen zum Start in einen neuen Tag erfrischen möchte. Reibungslose Funktionen sind wichtig, weil das Bad eng mit den inneren Abläufen der Benutzer und ihren Finanzen verknüpft ist.

Badezimmer dienen der Reinigung. Darum müssen sie gut beleuchtet und belüftet sein. Übersicht und Ordnung sind ebenso wichtig wie der Schutz der Intimsphäre. Ein gutes Bad ist sauber, luftig und schlicht. Im Bad steht jeder Mensch in engem Kontakt zu sich selbst – am Abend vor dem Schlafengehen und am Morgen nach dem Aufstehen. Im Idealfall ist ein Badezimmer so weit wie möglich von der Küche entfernt.

In moderne Häuser werden immer mehr Badezimmer und Toiletten eingebaut. Das wird zwar von vielen Menschen als Vorzug angesehen, tatsächlich wirkt es sich aber negativ auf die Energien des Hauses aus. Eine positive Energieströmung, die durch das Haus zieht, wird von Toiletten und Rohren angezogen – und verschwindet durch den Abfluß. Je mehr Abläufe für Wasser in einem Haus vorhanden sind, um so mehr Energie kann durch sie verlorengehen. Da die Bewegung von Wasser mit Wohlstand assoziiert wird, wirkt sich die Anzahl der sanitären Installationen auf die finanzielle Situation der Bewohner aus. Eine große Zahl von Pflanzen kann die überschüssige Wasserenergie ausgleichen. Es hat auch durchaus seinen Sinn, den Toilettendeckel stets geschlossen zu halten. Damit die Energie sich im Raum bewegen kann, sollte die Toilette so weit wie möglich von der Tür entfernt stehen – jedoch möglichst nicht direkt gegenüber.

Wenn man am Morgen aufwacht, ist der gesamte Körper angespannt, weil die körpereigenen Energien sich während der Nacht kaum bewegt haben. Es ist gut, wenn Sie etwas im Bad haben, das Sie zum Kichern oder Lachen bringt. Das lockert Gesicht und Körper. Ein großer Spiegel, vor dem Sie sich recken und strecken, ist ebenfalls hilfreich. Dabei spüren Sie, wie der ganze Körper von Energie durchströmt wird. Wenn Sie Platz genug haben, wählen Sie einen wirklich großen Spiegel, in dem Sie möglichst Ihren ganzen Körper klar sehen können. Badezimmerschränke mit Spiegeltüren sind ungünstig, weil sie das Spiegelbild zerstückeln. Vermeiden Sie zu kleine oder zu niedrig aufgehängte Spiegel. Sie sollten mindestens 20 cm Luftraum über ihrem Kopf sehen können, sonst wirkt Ihr eigenes Spiegelbild beengt und bedrückend.

In einem kleinen Badezimmer beschäftigt man sich intensiver mit seinem Körper. Gute Beleuchtung und große Spiegel machen den Raum optisch größer.

Die Wände oberhalb der blauen Fliesen hatten einen schmutzig-weißen Farbton, der den Raum ungepflegt wirken ließ. Badezimmer sollten aber hell und ansprechend sein, darum wurden die Wände leuchtend grün gestrichen.

Die blauen Fliesen verstärken die Wirkung der Wasserenergie, die im Bad naturgemäß schon einen sehr hohen Anteil hat. Die Farbe Grün, die symbolisch für die Baumenergie steht, kompensiert einen Teil des überschüssigen Energiepotentials. Da Grün auch im Zusammenhang mit Geld gesehen wird, kommt es der finanziellen Lage der Bewohner zugute.

Auch nach dem Streichen überwog der Blauanteil im Raum, das Bad wirkte immer noch kalt. Durch Dekorationen in Rottönen oder durch Handtücher in verschiedenen warmen Farben kann die kühle Atmosphäre gemildert werden.

Der Spiegel über dem Waschbecken war zu klein. Zwar ist es dem Bewohner nicht so wichtig, seinen ganzen Körper sehen zu können – einen Blick in den Spiegel riskiert er dennoch jeden Tag. Ein so kleiner Spiegel läßt nur eine eingeschränkte Selbstwahrnehmung zu. Das kann sich auf das Selbstbewußtsein und auf die Fähigkeit, Neues zu wagen, auswirken. So wurde ein größerer Spiegel aufgehängt, der auch das Potential des Bewohners positiv beeinflußt. Da dies der einzige Spiegel in der Wohnung ist, war diese Entscheidung besonders wichtig.

In einer so spartanischen Wohnung ist es verwunderlich, wenn gerade das Spiegelbord mit Toilettenartikeln vollgestellt ist. Zudem stand dieses Sammelsurium zwischen dem Bewohner und seinem Spiegelbild und reduzierte so die Fläche des Spiegels zusätzlich. Die Utensilien fanden Platz auf dem Beistelltischchen, der Blick in den Spiegel ist nun frei.

In dieser Wohnung lebt seit sieben Jahren ein Künstler. Er hat sie sehr unkonventionell eingerichtet. Ein Raum wurde zum Studio umgebaut. In dem großen Raum, der zugleich als Wohnzimmer dient, stehen neben sehr wenigen Möbeln Kunstgegenstände, die den Künstler inspirieren. Obwohl er erfolgreich ist, strebt er weiterhin nach einem Ausbau seiner Karriere und nach großen Aufträgen, die ihn herausfordern. Persönlich lebt er sehr zurückgezogen und steht nicht gern im Rampenlicht, doch seine Kunst möchte er noch bekannter machen. Sein Einkommen reicht zwar aus, die Einnahmen sind aber sehr unregelmäßig, was ihm häufig Sorgen macht.

Der Umbau und die Vergrößerung des Wohnraumes haben die Energie im Bereich „Wissen“ (8) mobilisiert, was Ängsten entgegenwirkt. Auffallend ist aber, daß er einem Besucher zunächst Hinweise zur Benutzung der Toilette gibt. Man muß den Abzugshebel mehrere Male drücken, ehe das Wasser aus dem Spülkasten fließt. Wenn das Badezimmer zum Brennpunkt der wohnlichen Veränderungen werden soll, muß es hier vor allem um die Felder „Reichtum“ (4) und „Ruhm“ (9) gehen.

Vorher

Nachher

Vorher

Der Fluß des lebensspendenden Elements Wasser ist symbolisch mit dem Fluß von Reichtum und günstigen Gelegenheiten verbunden. Wenn Ihre Sanitärinstallation defekt ist, könnte darin eine Ursache für finanzielle Schwierigkeiten liegen. In einer schadhaften Toilette fließt das Wasser nur langsam nach – damit korrespondiert eine finanzielle Situation, in der das Geld nur unregelmäßig hereinkommt.

Nachher

Das Wasser, das unvermeidlich durch die Toilettenspülung verschwindet, zieht Energie mit sich. Daß die Toilette hier im Feld „Reichtum“ (4) liegt, verstärkt die negativen Auswirkungen auf die finanzielle Lage des Bewohners zusätzlich. Eine gesunde, aufwärts strebende Pflanze auf dem Spülkasten beansprucht einen Teil der Wasserenergie für sich, was schon eine Besserung bringt. Der leuchtend gelbe Topf mit dem breiten Goldrand wurde gewählt, weil intensive Farben und reflektierendes Metall Energie binden und nach oben lenken. Das Lüftungsgitter, das früher von einem recht tristen Bild verdeckt war, wurde freigelegt und mit der Wandfarbe gestrichen.

Das Fenster liegt im Feld „Ruhm“ (9). Hier wirken sich Veränderungen positiv auf den guten Ruf des Bewohners aus. Das Fensterbrett war mit Toilettenutensilien vollgestellt. Durch Aufräumen wurde Platz für Feuerenergie geschaffen: Eine Kerze, Pflanzen in roten Töpfen und eine dekorative rote Postkarte wirken anregend. Auch ein Kristall mit Facettenschliff könnte hier aufgehängt werden. Das Bild über der Badewanne erinnert den Bewohner an ein Projekt, an dem er gern mitarbeiten würde. Es täglich anzusehen, hilft ihm, sein Ziel nicht aus den Augen zu verlieren.

Die dunkelbraune Jalousie war fast immer hochgezogen, damit genug Licht in den Raum fiel. Nur abends wurde sie manchmal zur Wärmedämmung herabgelassen. Ein zartes Rollo, apfelgrün mit blauen Bändern, wirkt viel freundlicher.

Badezimmer brauchen gutes Licht. Lange verbreitete eine schwache Birne diffusen Schein, jetzt leuchtet eine weiße Glaskugel jede Ecke strahlend aus. Ein Lampenschirm könnte auch Muster in glänzendem Metall haben, um vor allem morgens die Energien zu mobilisieren.

TIPS FÜR BADEZIMMER

• Wenn Sie selbst entscheiden können, wo Ihr Badezimmer im Haus liegt, vermeiden Sie den Bereich nahe der Eingangstür, das Feld „Reichtum“ (4) und das Zentrum des Hauses. Müssen Sie sich mit dem Vorhandenen arrangieren, stellen Sie um die Toilette aufrecht wachsende Pflanzen auf und halten Sie den Deckel immer geschlossen. Ein kleiner konvexer Spiegel an der Außenseite der Badezimmertür lenkt die Energie an der Tür vorbei und verhindert, daß allzuviel Energie durch die Abflüsse verlorengeht. Das Ch'i ist im Eingangsbereich eines Hauses am aktivsten. Liegt das Bad weiter hinten im Haus, ist sein Verlust nicht so gravierend in der Auswirkung.

• Wenn die Toilette in der Nähe der Küche liegt, hängen Sie zwischen beiden Räumen ein Keramik-Windspiel (symbolisch für Erdenergie) auf, um einen Ausgleich zwischen den Energiebereichen zu schaffen.

• Sorgen Sie für einwandfreie Installationen. Ein ständig tropfender Wasserhahn wirkt sich negativ auf Ihre Finanzen aus.

• Der gute technische Zustand Ihres Bades wird auch Ihren Körper und Geist positiv beeinflussen.

• Ein Bad sollte warm sein. Vermeiden Sie dreieckige und andere spitze oder scharfkantige Formen sowie kühles Metall.

• Die Dusche sollte möglichst in der Nähe einer Wand eingebaut sein. Nahe am Fenster fühlt man sich weniger geschützt.

LINKS Setzen Sie dem Energieverlust durch Rohre und Abflüsse etwas entgegen. Die große Pflanze im Korb verkörpert nach oben strebende Baumenergie. Gleichzeitig wirkt sie als optischer Schirm zwischen den beiden gegenüberliegenden Spiegeln. Wer in der Wanne liegt, sieht so nicht sein eigenes Spiegelbild in der Unendlichkeit verschwinden. Fenster sind für die Lüftung wichtig. Da die Wanne direkt unter dem Fenster liegt, sollte eine zarte Jalousie herabgelassen werden, um die Intimsphäre zu schützen.

UNTEN Die quadratischen Fliesen in diesem modernen Bad wirken sachlich und maskulin. Die Energiekonstellation ist in finanzieller Hinsicht durchaus günstig. Durch zwei Wasserhähne fließt viel Wasserenergie in den Raum, die große Holzplatte zieht mit ihrer Baumenergie viel davon an sich, so daß nur wenig Energie durch die Abflüsse verlorengeht. Der große Spiegel nimmt – glücklicherweise ohne Nahtstelle – die ganze Wandbreite ein. Vor einem so großen Spiegel kann man sich morgens herrlich recken und strecken.

LINKS Wenn das Bad kein Fenster hat, schaffen Sie dafür die Illusion von Weite. Hängen Sie einen Spiegel oder ein Landschaftsbild auf. Achten Sie auch dabei auf eine aufwärts zeigende optische Ausrichtung, um der Hauptenergierichtung im Bad entgegenzuwirken. In diesem Bad binden auch die Karomuster der Handtücher die Energie. Das Regal unter der Dachschräge wirkt durch die Stapel von Handtüchern gleich viel weicher. Auch der Faltenwurf der hängenden Handtücher macht den Raum behaglicher. Gerade im Bad, wo man oft nackt ist und sich entsprechend verletzlich fühlt, sind solche Dinge von Belang.

KINDERZIMMER

Kinder wissen intuitiv, was gut für sie ist. Kinderzimmer sollten schlicht und behaglich sein, der Phantasie viele Anreize geben, eine Ecke für den persönlichen Rückzug und viel Platz zum Spielen bieten.

Kinder wachsen und verändern sich schnell, manchmal von Monat zu Monat. Natürlich muß ihre Umgebung dieser Veränderlichkeit gerecht werden. Stellen Sie sich darauf ein, die farbliche Gestaltung und die Anordnung der Möbel mindestens alle zwei Jahre zu ändern. Beobachten Sie, ob Ihr Kind quer im Bett liegt, das Bett verrückt oder gar in der Nacht aufsteht und an einer anderen Stelle im Zimmer weiterschläft. Wenn ein Kind schlecht schläft, achten Sie darauf, daß nichts unter dem Bett verstaut ist und nichts darüberhängt. Diktieren Sie Kindern nicht Ihre Vorstellungen von schöner Gestaltung, sondern lassen Sie sie bei der Einrichtung mitentscheiden. Auf diese Weise identifizieren sie sich mit ihrem Zimmer, und Sie lernen frühzeitig, Entscheidungen zu treffen und gegebenenfalls mit den Konsequenzen zu leben. Jedes Kinderzimmer sollte einen Blickfang besitzen, etwa ein Mobile im Fenster oder einen Platz an der Wand für Sporturkunden. Auch eine Uhr (keine Digitaluhr) ist sinnvoll, weil dadurch das Zeitgefühl geschult wird.

Quadratische oder rechteckige Räume sind für Kinder günstiger als unregelmäßig geformte. Beim Tapezieren sollten Sie auf Schmuckbordüren auf oder unter der halben Zimmerhöhe verzichten, weil dadurch das Kind die Grenzen seines Zimmers deutlicher spürt – schlechte Bedingungen zum Wachsen und Entwickeln einer Persönlichkeit. Streifen und Karomuster können verwirrend wirken.

Leuchtende, klare Farben sind ideal für den Spielbereich. Für ungewöhnlich aktive Kinder können sie allerdings eine Reizüberflutung darstellen. Schläft das Kind auch in dem Zimmer, sollten Sie Rot vermeiden. Die Farbe verkörpert die anregende Feuerenergie, die für Ruhebereiche gänzlich ungeeignet ist. Ähnlich verhält es sich mit bunt gemusterten Tapeten oder lebhaften Wandverkleidungen. Generell sind weiche, sanfte Farben für die Wände am besten. Ist der Hintergrund des Raumes eher neutral, können Sie dem kindlichen Bedürfnis nach farblicher Anregung dennoch gerecht werden. Experimentieren Sie gemeinsam mit verschiedenfarbigen Tagesdecken, buntem Spielzeug oder Postern. Grün ist angenehm beruhigend, Blau kann jedoch leicht allzu still und kühl wirken, vor allem, wenn der Raum nach Norden liegt und wenig Tageslicht hineinfällt. Natürlich reagiert jedes Kind anders auf Farben, experimentieren Sie darum ruhig und beobachten Sie, was geschieht.

Dieses Kinderzimmer ist schlicht und luftig, einziger Blickfang ist der wunderschöne Phantasiebaum in der Ecke. Die Baumenergie, die durch dieses Wandgemälde freigesetzt wird, hebt die Ecke optisch an. Es fällt kaum mehr auf, daß das Bett unter einer Dachschräge steht. Das hohe hölzerne Kopfteil gibt Sicherheit und setzt ein weiteres optisches Gegengewicht zur Dachschräge. Der Baum symbolisiert Wachstum. Er wird dem Kind dabei helfen, seine Kreativität und Phantasie zu entfalten. Dadurch stärkt er auch seine Unabhängigkeit und sein Selbstbewußtsein, denn ein phantasievolles Kind ist weit weniger abhängig von aufwendigem Spielzeug. Dieses Kind liebt Geschichten, wie man an dem überschaubaren Raum und den Büchern neben dem Bett erkennen kann. Nur ein einziges Kuscheltier ist zu sehen. Das verrät, daß hier ein selbstbewußtes Kind lebt.

Kinder verschiedenen Alters sollten nach Möglichkeit separate Zimmer haben. Wo das nicht machbar ist, können Paravents einen größeren Raum so unterteilen, daß jedes Kind einen persönlichen Bereich erhält. Die eigene Privatsphäre hilft, Selbstbewußtsein und Selbstvertrauen zu entwickeln. Vor allem sollten Sie Kinder an der Gestaltung des Zimmers beteiligen.

Vorher

Hier mußte vor allem der Platz des Bettes verändert werden. Es sollte so weit wie möglich unter der Dachschräge herausgerückt werden und außerdem nicht länger hinter der Tür stehen. Kleine Kinder schlafen zwar gern in höhlenartigen Nischen, auf längere Sicht kommt das ihrer Entwicklung aber nicht zugute.

Das Bett wurde gedreht, so daß der Kopf nun zur anderen Wand hin zeigt. So kann das Kind vom Bett aus die Tür sehen.

Der Bewohner dieses Zimmers ist neun Jahre alt. Er lebt mit seinen Eltern in einem Endreihenhaus. Er schläft oft schlecht, und das hat sich auch nicht geändert, seitdem die Familie aus einer engen Wohnung in dieses geräumige Haus gezogen ist. Das Kinderzimmer mit den schrägen Wänden ist einer von zwei Räumen im obersten Geschoß, die durch einen Dachbodenausbau entstanden sind. Das Bett hat kein Kopfteil. Es steht zur Zeit der Länge nach unter einer Schräge, der Junge schläft mit dem Kopf zur Tür. In ein paar Jahren wird er dem Stil seines Zimmers entwachsen sein, aber bis dahin planen die Eltern ohnehin einen weiteren Umzug.

Der Raum ist ein typisches Kinderzimmer mit einer Sammlung von Kuscheltieren und Postern der beliebtesten sportlichen Helden an den Wänden und Dachschrägen. Im Regal steht ein Fernseher, den der Junge auch für Videospiele benutzt. Auf dem Bord darüber ist ein

Vorher

Aquarium untergebracht. Die elektrische Filteranlage des Aquariums gibt ein stetig sirrendes Geräusch von sich.

Der Junge ist sportbegeistert und hier auch recht erfolgreich. An seiner Schule wird mehr Wert auf Bildung gelegt, damit tut er sich recht schwer. Kürzlich wurde er amtlich als Legastheniker anerkannt, seitdem erhält er zusätzlichen Förderunterricht.

Wenn es darum geht, Lösungsansätze für die Schlaf- und Lernschwierigkeiten des Jungen zu finden, müssen Farben und Aufteilung seines Zimmers im Vordergrund stehen, weniger das Bagua des ganzen Hauses.

Außerdem liegt es nicht mehr unter dem harten Versatz der Dachschräge, der höchstwahrscheinlich für die Schlafschwierigkeiten verantwortlich war. Die Poster an der schrägen Wand verstärkten diese niederdrückende Wirkung, darum wurden sie abgenommen; sie könnten an einer geraden Wand wieder aufgehängt werden. Das Bett erhielt ein festes Kopfteil, das

Nachher

zur niedrigen Decke ein geschicktes optisches Gegengewicht darstellt. Der gesamte Raum brauchte eine Renovierung. Wände und Decke waren ursprünglich leuchtend gelb gestrichen, Türen und Fenster waren weiß. Kleine Räume sollten optisch vergrößert werden. Eine Möglichkeit besteht darin, sie komplett in einer Farbe zu streichen. So fallen die Ecken und Winkel weniger ins Auge, auch eine Dachschräge wirkt weniger bedrückend. Gelb ist eine Farbe mit großer Leuchtkraft, die für diesen kleinen Raum viel zu intensiv war.

Der neue Anstrich ist zartgrün, auch Fenster und Türen wurden später in diesem Ton gestrichen. Grün ist die Farbe der Natur, sie hat beruhigende und heilende Eigenschaften. Daneben symbolisiert sie die aufwärtsstrebende Baumenergie, was für Räume unter dem Dach günstig ist und gleichzeitig gute Bedingungen zum Aufwachsen schafft. Grün liegt in der Mitte des Farbspektrums. Es hilft, die beiden Gehirnhälften in Einklang zu bringen und fördert so das Lernen. Besonders für Kinder mit Legasthenie kann dies eine große Unterstützung sein.

Bettdecke und Kissenbezug wurden ebenfalls verändert. Breite, kunterbunte Streifen wurden durch ein sanfteres Karomuster ersetzt, das im Farbton zu den Wänden paßt. Auf dem Kissen zuvor war eine Weltkarte abgebildet gewesen – ein komplexes Motiv, mit dem kleinere Kinder überfordert sind.

Ein grüner Wal aus Pappe hängt als Mobile über dem Bett. Er gibt einen hübschen Blickfang ab. Das Aquarium dagegen wurde entfernt. Alle elektrischen Geräte senden elektromagnetische Strahlung aus, auf die man in Schlafräumen besser verzichten sollte. Geräte, die unverzichtbar sind, sollten wenigstens während der Nacht abgeschaltet werden. Besser noch ist es, den Stecker zu ziehen. Pflanzen reinigen die Luft, einige neutralisieren elektromagnetische Strahlung. Darum sind sie gute Nachbarn für den Fernseher.

Nachher

Alle Kinder brauchen einen Schlafwächter, darum dürfen die beiden Lieblingsspielzeuge auf dem Bett liegen. Der Fuchs gilt als gewitzt, klug und schlagfertig – sicherlich hilft er symbolisch dem Kind auch beim Lernen.

Die junge Bewohnerin dieses Zimmers bat ihre Mutter um eine gemeinsame Aufräumaktion. Ausgelesene Kinderbücher sollten verschenkt oder auf dem Dachboden verstaut werden, um Platz für neue, altersgemäße Bücher zu schaffen. So ist das Regal zwar übersichtlicher geworden, es wird sich aber schnell wieder allerlei auf den Borden ansammeln. Auf längere Sicht wäre es empfehlenswert, die Nische mit Türen zu versehen.

Das Bett stand mit dem Kopfteil schräg in einer Ecke. Es wurde gedreht, so daß das Mädchen nun die schützende Wand direkt hinter sich hat. Es ist ungünstig, mit dem Kopf in einer Ecke zu liegen, weil so der Energiestrom um ihn durch den rechten Winkel zerschnitten wird. Das Bett steht nun mit der Längsseite gerade so weit von der Wand entfernt, daß man noch vorbeigehen kann. Ein Blick in den Spiegel über dem Kamin zeigt, wer gerade den Raum betritt. Die vom Sims herabhängende Pflanze wurde entfernt, dafür steht dort eine mit aufrechtem Wuchs.

Das Schaukelpferd bei der Tür verkörperte maskuline Energie, die ihm eine beschützende Funktion verleiht. Es paßt aber besser zu Kindern im Grundschulalter, die Besitzerin ist ihm entwachsen. So wird das Pferd nun im Keller aufbewahrt. An der freigewordenen Wand ist jetzt Platz für ein Poster mit einem Bild von einem Pferd, einem Baum oder einem Haus. Auch diese Motive haben Schutzfunktionen, die Kinder während des Übergangs ins Erwachsenenalter manchmal durchaus brauchen. Da der Ort im Feld „Familie“ (4) dieses Zimmers liegt, unterstützt er auch die Beziehung des Mädchens zu ihren Eltern.

Vorher

Das elfjährige Mädchen, das dieses Zimmer bewohnt, ist auf dem besten Weg, ein Teenager zu werden. Sie ist einzige Tochter einer Familie, die in einer kleinen Altbauvilla lebt. Wie sehr sie sich in einer Phase des Umbruchs befindet, ist deutlich in ihrem Zimmer zu erkennen. Da finden sich Poster von Popstars und Nagellackflaschen einträchtig neben heißgeliebten Kuscheltieren und Puppen.

Sie ist ein fröhliches, ausgeglichenes Mädchen, das weder gesundheitliche noch schulische Probleme hat. Eine Veränderung ihres Zimmers dient also vor allem dazu, sie in dieser Umwälzungsphase zu Beginn der Pubertät zu unterstützen. Diese Zeit kann sehr schwierig sein. Zum einen wird sie Hilfe und Verständnis beider Eltern, vor allem aber der Mutter, benötigen, zum anderen wird sie erste Schritte in die persönliche Unabhängigkeit wagen. Die Atmosphäre in ihrem Zimmer kann dazu beitragen, daß diese Umbruchsphase sanft und reibungslos verläuft.

Das Zimmer ist recht groß. Das Bett steht in einer Ecke, mit dem Rücken an der Wand, in der auch die Tür liegt. Die Decke ist sehr hoch, durch eine Rosenbordüre wird sie aber optisch herabgezogen. Vor den schlichten blaßrosa Wänden kommen Poster und Bilder gut zur Geltung. Durch die dominanten Querlinien fühlt sich der Raum unübersichtlich und beengt an. Ein Sammelsurium aus Ketten und Halstüchern verdeckt den Spiegel auf der Frisierkommode zur Hälfte, die Tischplatte quillt über von Schminkutensilien. Am auffallendsten ist das schöne alte Schaukelpferd, das die Bewohnerin des Zimmers seit ihrer Geburt besitzt.

Nachher

Vorher

Zur Zeit hängen im Feld „Familie“ (4) Bilder von Popstars. Diese wären im Feld „Kreativität“ (7) um den Spiegel herum besser aufgehoben. Einige Bilder, die von einer Leiste herabhingen und teilweise die Tapetenbordüre verdeckten, wurden niedriger gehängt.

Die Rosenbordüre war unruhig und altmodisch, sie gefiel der Bewohnerin nicht mehr. Das neue, wesentlich leichtere und klarere Muster durfte sie selbst aussuchen. Alle fünf Farben des Energiekreislaufs sind darin enthalten, was dem Raum Ausgewogenheit gibt.

Das Bett bekam eine neue Tagesdecke in beruhigendem Blau mit einem hübschen Erdbeermuster. Die klare Anordnung in Streifen hilft dem Mädchen, auch in ihrem Leben eine klare Richtung zu finden. Der runde Nachttisch mit Leselampe kam neu hinzu.

Der Spiegel neben der Tür wurde an der Wand befestigt. Seine Höhe sollte korrigiert werden, damit das Mädchen ihr Gesicht gut darin sehen kann. Außerdem sollten ab Scheitelhöhe bis zum oberen Spiegelabschluß 20 cm freier Raum bleiben.

Nachher

Vor dem Kamin, wo früher ein Bild lehnte, sitzen jetzt die Stofftiere.

Eine Sammlung von Quarzkristallen war auf einem antiken Stuhl neben dem Bett arrangiert. Die Sammlung bekam einen neuen Platz, weil die Kristalle mit ihren Facetten jedes Negativpotential im Raum vervielfachen würden.

Der Frisiertisch wurde gründlich aufgeräumt, auch die Oberkante des Spiegels ist nicht mehr verhängt. Eine geraffte blau-weiße Decke mit Schleifen aus gelbem Vichy-Karo paßt besser zu einem heranwachsenden Mädchen als das blasse Rosa der Kleinkinderzeit.

Nachher

TIPS FÜR KINDERZIMMER

• Kinderzimmer sollten schlicht, aber gemütlich sein. Wichtig sind Symbole, die die Phantasie anregen. Abstrakte Bilder sind vor allem für kleinere Kinder zu verwirrend.

• Ein Kind fühlt sich in seinem Bett sicherer, wenn es im Liegen die Tür gut sehen kann.

• Wenn der Schalter für das Deckenlicht weit vom Bett entfernt ist, ist eine kindersichere Nachttischlampe wichtig. Wenn ein Kind in der Nacht aufwacht, gibt das Licht Sicherheit.

• Hängen Sie einen Spiegel mit genügend Abstand zum Bett ins Kinderzimmer. Er sollte so groß sein, daß das Kind sich ganz darin sehen kann, denn das unterstützt die Entwicklung eines gesunden Selbstbewußtseins. Wenn das Kind wächst, wird der Spiegel regelmäßig höher gehängt.

• Halten Sie den Raum sauber, und helfen Sie dem Kind beim Aufräumen – aber seien Sie nicht zu streng.

• Wählen Sie Möbel und Regale mit weichen Konturen. So helfen Sie Ihrem Kind, kreativ zu sein und flexibel zu bleiben.

• Auf dem Fußboden sollte unbedingt genug Platz zum Spielen frei bleiben.

• Vermeiden Sie Etagenbetten, denn hier fühlt sich nach kurzer Zeit jedes Kind beengt, ob unten oder dicht unter der Decke.

RECHTS Die runden Konturen von Tisch und Hockern fördern die Kreativität, während die eckige Tafel und das Schränkchen mit den Schubladen für Klarheit und Struktur sorgen. Tierbilder sollten immer freundlich und klar erkennbar sein. Kleinere Kinder empfinden Hunde oft als besonders beschützend. Leuchtende Farben regen junge Geister an. Optimal wäre es, wenn ein so lebhafter Platz vom Schlafbereich aus nicht zu sehen ist.

RECHTS Beobachten Sie, wie sich die Einrichtung des Zimmers auf Ihr Kind auswirkt. Dieses Beispiel ist ideal für ein Kind, das etwas Disziplin und Ordnung braucht. Es bietet klare, rechteckige Formen und übersichtlich gegliederten Stauraum. Ein sehr kreatives Kind würde den Raum langweilig und einengend finden. Blau ist eine kühle Farbe, die hier durch das warme Gelb einen Ausgleich erhält.

LINKS Manche Kinder mögen diese Tiere furchterregend finden, für andere sind es die perfekten Schlafwächter. Damit die Wand hinter den Kopfenden gut sichtbar bleibt, sollten die Moskitonetze ganz abgenommen werden, wenn sie nicht in Gebrauch sind. Der Nachttisch ist als Grenze zwischen den Betten wichtig, die zusammenpassenden Betten unterstützen die Beziehung der Kinder zueinander.

RECHTS Die vertikalen Linien der Schränke, Regale und Streifen auf den Vorhängen fördern die Wachstumsenergie des Kindes. Ein Vorhang grenzt Spiel- und Schlafbereich optimal ab.

Wer seinen Arbeitsplatz zu Hause einrichten kann, hat viel mehr Möglichkeiten, ihn wirklich optimal zu gestalten. Das Foto zeigt einen Arbeitsraum, der mit seinem Blick auf den Garten, dem Naturholzfußboden, dem zarten Bäumchen und der offenen, luftigen Atmosphäre durch und durch anregend ist. Die weich fallenden Vorhänge und der gerundete Wandteiler sorgen für einen sanften Strom der Energie. In dieser Umgebung ist es leicht, kreativ zu sein. Aber der funktionale, eckige Schreibtisch hilft auch dabei, mit der Kreativität Geld zu verdienen. Ein quadratischer oder rechteckiger Raum, in dem auch in der Möblierung rechte Winkel vorherrschen, eignet sich gut für Geldgeschäfte und klare Entscheidungen (logische Ausrichtung der linken Hirnhälfte), während Rundungen, Kreise und Ovale die Kreativität anregen (intuitive Ausrichtung der rechten Hirnhälfte).

Wer am Schreibtisch sitzend den Ausblick genießen will, dreht automatisch der Tür den Rücken zu. Doch der glänzende Schirm der Stehlampe reflektiert alles, was im Raum vorgeht. Bilder mit Metallrahmen, ein Deckenstrahler und eine große gesunde Pflanze aktivieren die Energie im Feld „Reichtum“ (4) dieses Raumes.

ARBEITSPLÄTZE

Wer seinen Beruf zu Hause ausübt, hat andere Freiheiten. Zwar kann man nicht die Firma hinter sich lassen und sich auf den Weg in den Feierabend im geborgenen Zuhause begeben, dafür kann man aber seinen Arbeitsplatz angenehm und streßfrei einrichten.

Fortschritte in der Computer- und Kommunikationstechnik machen es möglich, daß die Menschen fast überall arbeiten können. Prognosen besagen, daß zu Beginn des 21. Jahrhunderts etwa die Hälfte aller Bewohner der USA von Zuhause aus arbeiten – und dieser Trend wird sich auch in Europa durchsetzen. Für Selbständige, Freiberufler und Arbeitnehmer, die mit dem Computer zu Hause an ein Firmennetzwerk angeschlossen sind, ist das ein großer Gewinn: sie sparen die Mühe des täglichen Weges zur Arbeit.

Allerdings hat dieser Wandel auch gravierende Auswirkungen auf den häuslichen Alltag. Die private Wohnung ist in Gefahr, zum Zentrum nervenaufreibender Geschäftstätigkeit zu werden. Wer jedoch die Grundsätze des Feng Shui anwendet und sich bewußt macht, wie unsere Umgebung uns beeinflußt, der kann durchaus Wohnen und Arbeiten unter einem Dach in Einklang bringen. Der Schlüssel liegt in einer ausgewogenen Nutzung der Räume – und in einer klaren Abgrenzung der Bereiche. Es ist ungemein wichtig, am Feierabend die Tür des Arbeitszimmers schließen zu können.

Der Bereich, den Sie für Ihre Arbeit auswählen, wird zum Drehpunkt Ihrer Berufstätigkeit. Vor allem, wenn Sie geschäftlich Besuch empfangen, sollte der Arbeitsraum möglichst nahe an der Haustür liegen, damit der private Bereich der Wohnung ungestört bleibt. Darüber hinaus haben Sie in dieser Lage eine engere Verbindung zur Außenwelt. Wählen Sie ein ruhiges Zimmer und halten Sie die Tür geschlossen, um während der Arbeit nicht durch das Kommen und Gehen im Haus vom konzentrierten Arbeiten abgelenkt zu werden.

Die Form und Einrichtung des Raumes beeinflussen Ihre Energie und damit Ihre Arbeit maßgeblich. Die Position des Schreibtisches ist wichtig, aber auch die übrige Aufteilung des Raumes wirkt auf die Strömungen des Ch'i. Mit einem Fenster im Rücken, an dem womöglich noch ein belebter Gehweg vorbeiführt, arbeitet es sich nicht gut. Stellen Sie den Schreibtisch besser vor eine Wand, aber möglichst nicht schräg in eine Ecke. Sorgen Sie auch dafür, daß keine spitzen Ecken genau auf Ihren Platz gerichtet sind. Die Tür sollten Sie gut im Blick haben, ihr genau gegenüber ist jedoch nicht der ideale Standort, weil sie dort mitten in der Strömung der in den Raum fließenden Energie sitzen. Die Wand hinter dem Schreibtisch bleibt am besten frei. So fällt es Besuchern leichter, sich auf Sie und Ihre Worte zu konzentrieren.

Vorher

Der Hausherr dieses Einzelhauses mit vier Schlafräumen ist Schauspieler. Zur Zeit ist er mit seiner Karriere nicht zufrieden, er beschreibt sie selbst als „schleppend", es mangelt ihm an Erfolg. Weil er zur Zeit nicht viele gute Engagements erhält, ist seine finanzielle Lage angespannt. Er versteht nicht recht, warum er keine seinem Talent entsprechenden Angebote bekommt.

Der Besitzer nutzt das Gästezimmer als Arbeitsraum, und dies öfter, als er es ursprünglich geplant hatte. Als er sich seinen Tagesablauf einmal vor Augen hält, stellt er fest, daß er im Grunde viele Stunden zu Hause arbeitet. Wann immer er nicht im Theater beschäftigt ist, führt er viele Telefonate. Jeden Morgen, ehe er aus dem Haus geht, hält er sich in diesem Raum auf. So ist dieses Zimmer im Grunde zur Schaltzentrale seines Berufes geworden.

Der Raum „leidet" eigentlich selbst an einer Identitätskrise. Sein Bewohner versteht ihn als Arbeitszimmer. Es ärgert ihn, wenn Familienmitglieder hereinkommen und sich in seinem Bereich ausbreiten. Niemand scheint diesen Raum aber als separaten Arbeitsraum ernstzunehmen. Für seine Frau ist es einfach das „Extrazimmer".

Unter solchen Bedingungen läßt es sich schlecht arbeiten, das wirkt sich zwangsläufig auf den Erfolg des Schauspielers aus. Jeder Berufstätige braucht eine Art Stützpunkt, eine Basis, von der aus er agiert. Genau das muß hier geschaffen werden. Wer nicht jeden Tag zur Arbeit aus dem Haus geht, sollte sich innerhalb seines Wohnbereiches einen definierten, aber einnehmenden Bereich reservieren.

Nachher

Das erste, was man von der Tür aus sah, war ein großes Doppelbett mit einem schweren Holzrahmen und einer weißen Tagesdecke. Es stand mitten im Raum und war so dominant, daß es kaum möglich war, sich auf eine Arbeit zu konzentrieren. Weil es nur selten von Übernachtungsgästen benutzt wird, konnte es einem schmaleren Schlafsofa weichen.

Die Wände sind mit einer William-Morris-Tapete mit Blattmotiven und Zitronen beklebt. Der Bewohner mag das Muster, obwohl es sehr ablenkend ist. Wenn er sich dran gewöhnt hat, in diesem Raum konzentriert zu arbeiten, wird es ihm wahrscheinlich bald zu aufdringlich werden. Dann sollte der Raum in einem gebrochenen Weiß oder einem Cremeton gestrichen werden. In einer schlichten, ruhigen Umgebung ist es leichter, alle Aufmerksamkeit der Arbeit zu widmen.

In der rechten hinteren Ecke ist ein Waschbecken mit Fliesenreihe und einem Spiegel eingebaut. Ein Paravent versteckt diese Ecke – nun erinnert nichts mehr daran, daß dieser Raum früher ein Schlafzimmer war.

In der linken Ecke stand ein alter Kleiderschrank mit Spiegeltüren, in dem alter Krimskrams und erledigte Arbeiten aufbewahrt wurden. Es war ein typisches Schlafzimmermöbel, das aus dem Raum geschafft wurde. Wirklich wichtige Arbeitsunterlagen finden in einem kleinen Regal Platz.

Der übrige Raum war mit verschiedenen Beistelltischen und Regalen vollgestellt, in und auf denen sich Akten, Haushaltsunterlagen und Ordner voll Arbeit stapelten. Auf einem Regal standen verschiedene Familienfotos. Ein kleiner Tisch war für den Computer reserviert, während Telefon, Adreßkartei und Schreibtischlampe auf dem Schreibtisch am Fenster Platz hatten.

Nachher

Vorher

Der Schreibtisch wurde umgestellt. Wer hier saß, genoß den Blick aus dem Fenster, konzentrierte sich aber nicht auf seine Arbeit. Er steht jetzt da, wo vorher der Kleiderschrank war: im Feld „Reichtum" (4) dieses Zimmers. Wer dort sitzt, hat mit einer Wand im Rücken und der Tür im Blick eine echte Machtposition inne, trotzdem ist ein Blick aus dem Fenster noch möglich. Ein größerer, attraktiverer Schreibtisch wäre eine gute Investition, denn eine Karriere läßt sich nicht gut auf Material aus zweiter Hand aufbauen. Auch ein bequemer, solider Bürostuhl wäre sinnvoll.

Auf dem Schreibtisch mußte dringend Ordnung geschaffen werden. Das Telefon bekam ein langes Kabel, so daß es vom Schreibtisch mit zum Sessel genommen werden kann. Auf dem Schreibtisch sollte es einen Platz im Bereich „hilfreiche Freunde" (6) bekommen, also beim rechten Ellenbogen, weil der Schauspieler beruflich auf gute Kontakte angewiesen ist.

Im oberen rechten Fenster, das im Feld „Reichtum" (4) liegt, hängt ein Kristall. Er aktiviert das Ch'i, das hier in den Raum eintritt. Die gleiche Wirkung haben die Kristallkugel und der kleine „Oscar" auf der rechten Seite des Schreibtisches.

Vor dem Fenster steht ein bequemer Sessel mit einem kleinen Beistelltisch. Dies ist ein optimaler Platz, um kreativ zu sein. Wenn der Bewohner dagegen konzentriert arbeiten muß, sitzt er an seinem Schreibtisch.

Auch im Feld „Karriere" dieses Raumes wurde gründlich aufgeräumt. Unnötige Aktenordner wurden entfernt, statt des Foto-Sammelsuriums wurde ein inspirierendes Filmplakat aufgehängt.

Neben dem Bildschirm kompensiert eine Grünpflanze die elektromagnetische Strahlung der elektrischen Geräte.

In diesen Raum sieht man von der Haustür aus hinein. Ursprünglich diente er als Wohnzimmer, wurde aber zum kombinierten Schlaf- und Arbeitszimmer umfunktioniert. Das Bett steht recht verloren in einer Ecke. Der Schreibtisch mit dem Computer steht mitten in dem großen Raum. Die Bewohnerin hat die Arbeit immer vor Augen, das macht es schwierig, sich zu entspannen und abzuschalten. Selbst vom Bett aus fällt der Blick auf den Arbeitsplatz, so daß die Grenzen zwischen Beruf und Privatleben kaum zu erkennen sind.

Wenn Sie einen Arbeitsplatz im Schlafzimmer einrichten wollen, achten Sie auf eine klare Trennung zwischen Arbeits- und Schlafbereich. Im Idealfall sollte man vom Arbeitsplatz aus das Bett nicht sehen – und vom Bett aus den Schreibtisch nicht. In diesem Fall wurde der Schlafplatz durch einen hölzernen Wandschirm behaglicher gestaltet. So entsteht eine beschützte Ecke, in die man sich nach einem langen Arbeitstag zurückziehen kann.

Um das Bett herum stapelten sich Bücher, Zeitschriften und Akten. Auch auf dem Sideboard und dem Schreibtisch türmten sich Arbeitsunterlagen und CDs. Nachdem gründlich aufgeräumt wurde, fühlt sich die Bewohnerin nicht mehr so stark von der Last ihrer Arbeit erdrückt. Wenn der letzte Blick am Abend und der erste Blick am Morgen auf einen Berg unerledigter Arbeit fällt, entsteht leicht Streß, unter dem die Nachtruhe leidet.

Im Feld „Wissen" (8) hingen acht Drucke von chinesischen Weisen, die streng und mißbilligend auf das Bett herabblickten. Es ist gut möglich, daß diese Situation für ihre ununterbrochene Selbstreflexion verantwortlich war. Nun nehmen diesen Platz zwei Bilder mit harmonischen Paaren ein.

Vorher

Diese elegante Stadtwohnung wird seit neun Jahren von einer alleinstehenden Frau bewohnt. Sie ist seit siebzehn Jahren als Anlageberaterin tätig und übt ihren Beruf gern aus. Allein die vielen Überstunden, der ständige Zeitdruck und die Unruhe vieler Kollegen im Großraumbüro gefallen ihr immer weniger. Dadurch fühlt sie sich von der Arbeit gefangen und aufgefressen. Sie nennt sich selbst eine Eigenbrötlerin und räumt ein, daß auch die meisten ihrer Freunde sehr unabhängige Menschen sind. Sie bedauert, daß sie nicht in einer festen Beziehung lebt, und wünscht sich auch ein aktiveres soziales Leben. Dennoch meint sie, daß ihre Zeit nicht ausreicht, sich intensiv um diese Belange zu kümmern. Selbst wenn sie versucht, sich zu entspannen, ist sie mit intensiven Denkprozessen beschäftigt. Geld spielt in ihrem Leben eine wichtige Rolle. Sie macht sich oft Sorgen deswegen und ist nur selten mit dem zufrieden, was sie hat. Durch die Dauerbelastung ist ihre Gesundheit labiler geworden, auch ein Mangel an körperlichem Ausgleich und gesunder Ernährung macht sich bemerkbar.

Obwohl diese Frau in ihrem Beruf durchaus kreativ ist, vermißt sie die Kreativität in ihrem Privatleben. Sie wünscht sich mehr Zeit für sich selbst.

Veränderungen in ihrem Leben zielen vor allem auf mehr innere Ruhe und eine Ausgewogenheit zwischen Beruf und Privatleben ab. Hilfreich sind dabei Korrekturen in den Feldern „Reise" (1), um die berufliche Situation zu verbessern. Da sie sich auch nach einer Partnerschaft und größerer innerer Ausgeglichenheit sehnt, sind unterstützende Maßnahmen in den Bereichen „Beziehungen" (2) und „Wissen" (8) sinnvoll. Sehr wirkungsvoll lassen sich diese Probleme durch Veränderungen im kombinierten Schlaf- und Arbeitszimmer angehen.

Nachher

Nachher oben und links

Eine große Palme beherrschte den Raum. Durch ihre Ausmaße machte sie fast die Hälfte des Zimmers unbenutzbar. Die gewaltigen Wedel mit den spitz zulaufenden Blättern zeigten direkt auf den Schreibtisch, was sensiblen Menschen Unbehagen einflößen kann. Um den Platz besser nutzen zu können und die „dolchartige" Wirkung der spitzen Blätter zu mildern, wurden einige der unteren Wedel entfernt. Die Pflanze bekommt dadurch eine schlankere, aufwärtsstrebende Silhouette.

Der Schreibtisch selbst, eine Platte auf zwei Böcken, stand mitten im Raum mit dem Rücken zur Tür. Die Bewohnerin hatte beobachtet, daß sie dort kaum saß. Meist trug sie die Unterlagen auf den Eßtisch im zweiten Wohnzimmer. Der Schreibtisch wurde umgedreht, so daß sie nun die Tür im Blick hat. Die massiven Holzpaneele vor dem Fenster geben Schutz von hinten und verhindern Lichtreflexe auf dem Bildschirm. Hinter einem kompakteren Schreibtisch würde sich die Bewohnerin noch sicherer fühlen.

In dieser Wohnung hat die Baumenergie großes Gewicht, weil so viele Dinge aus Holz bestehen – Möbel, Fußboden, Fensterläden – und weil Decken und Fenster sehr hoch sind. Diese Energie steht für Dynamik und Ehrgeiz, sie vermittelt keine Geborgenheit. Feuerenergie verzehrt einen Teil der überschüssigen Baumenergie, darum wurden viele Farbtupfer in Rot in den Raum gebracht. Auch eine stärkere Betonung der Horizontalen wäre hilfreich.

Ein neues Bild über dem Kamin gibt dem Raum durch seine Rot- und Orangetöne Leben und bringt ebenfalls Feuerenergie ein. Zudem regt es durch seine Plazierung die Kreativität der Bewohnerin an.

In der gesamten Wohnung fanden sich etwa fünfzig Bilder mit Darstellungen einzelner Personen. Sie üben auf die Bewohnerin, die gern in einer harmonischen Beziehung leben würde, einen negativen Einfluß aus, indem sie ihr ihre Einsamkeit vor Augen führen. Besonders im Feld „Beziehungen" (2) und über dem Bett sind Motive von Paaren hilfreicher.

Die beiden leeren Vogelkäfige im Feld „Reichtum" (4) wurden entfernt, weil auch sie als Symbol für die Leere im Leben der Bewohnerin standen.

Vorher

TIPS FÜR ARBEITSPLÄTZE

- Weil der Platz meist knapp ist, kommt es auf gute Organisation an. Sorgen Sie stets für Ordnung. Ein unübersichtlicher Tisch beeinträchtigt das klare Denken.

- Versuchen Sie, zwei verschiedene Energiebereiche im Raum zu schaffen: einen lebhaften für die aktive, nach außen gerichtete Arbeit und Kontakte, daneben einen stillen für die konzentrierte Arbeit.

- Die elektrischen Geräte im Büro verursachen statische Aufladung und elektromagnetische Strahlung, die zu Streßerscheinungen und Müdigkeit führen können. Sorgen Sie für gute Lüftung, stellen Sie einen Ionenaustauscher auf und bevorzugen Sie natürliche Materialien anstelle von Kunststoffen.

- Gleichen Sie die elektromagnetische Strahlung durch Pflanzen aus. Vor allem Weihnachtssterne, Grünlilien und Geldbäume sind sehr wirkungsvoll. Ideal ist es, wenn neben jedem elektrischen Gerät eine Pflanze steht.

- Der optimale Arbeitsplatz sollte eckige und runde Formelemente vereinen: einen eckigen Bereich für Akten und Computer, einen runden Bereich für die Kreativität.

- Vermeiden Sie hohe Stapel von Akten und Papieren: sie wirken erdrückend.

- Sorgen Sie dafür, daß alle Arbeitsmaterialien reibungslos funktionieren, lassen Sie Defekte gleich reparieren.

LINKS *Das Übergewicht eckiger Formen in Regalen, Tischen, Kästen schafft eine nüchterne Atmosphäre, in der es sich gut lernen läßt. Die Stühle sind auch bei längerem Sitzen bequem. Weil sie, ebenso wie die Untergestelle der Tische, aus Metall bestehen, unterstützen sie das konzentrierte Denken. Bei der Auswahl von Dekorationen sollten Sie die Wirkung von Symbolen nicht unterschätzen. Setzen Sie sie als positive Unterstützung ein. Der Hubschrauber kann als Symbol für einen klaren Überblick verstanden werden.*

GEGENÜBER *An diesem Arbeitsplatz ist die Kombination von Holz und Metall sehr ausgewogen. So werden Kreativität und Konzentration gleichermaßen gefördert. An einem solchen Platz können kreative Prozesse gut in lukrative Ergebnisse verwandelt werden. Alle Schreibtische haben Rollen. Dadurch begünstigen sie Teamarbeit, außerdem können sie bei veränderten beruflichen Aufgaben leicht umgestellt werden. Bei so viel Flexibilität wäre ein einfarbiger Fußboden allerdings günstiger, weil er als solides Fundament wirkt. Als Ausgleich für die elektrischen Geräte sollten Grünpflanzen aufgestellt werden.*

LINKS *Die schön geschwungene Form macht diesen Schreibtisch sehr einladend. Kunstvolle Schnitzereien haben eine Präzision, die die Konzentration begünstigt. Durch den Spiegel wird der Raum optisch vergrößert. Wer am Schreibtisch sitzt, blickt nicht auf eine Wand, sondern er kann sehen, wer oder was sich hinter ihm befindet. Die weichen Schwünge der Lampe schaffen eine Atmosphäre, in der man gut persönliche Briefe schreiben kann, während die strengen Konturen des Spiegels auch funktionalere Arbeiten begünstigen.*

SCHLUSSBEMERKUNG

OBEN Bilder sollten Sie ansprechen oder einen persönlichen Symbolgehalt haben. Schließlich wollen Sie sie täglich ansehen. Bilder sagen viel über Ihr Wesen und Ihr Inneres aus, sie dienen nicht nur dazu, leere Wände zu füllen.

RECHTS Hat ein Raum mehrere Funktionen, soll er jeder einzelnen voll gerecht werden. Wenn in der Küche gegessen wird, räumen Sie alle Spuren der Vorbereitungen weg, ehe Sie sich zu Tisch setzen. Mit eigener Beleuchtung setzen Sie den Eßtisch ins rechte Licht, das Arbeitslicht in der Küche sollte während der Mahlzeit ausgeschaltet werden.

Nichts überstürzen

Ehe Sie anfangen, Ihre Wohnung umzugestalten, möchte ich noch einmal auf die Bedeutung gründlichen Aufräumens hinweisen. Wenn Sie einen Spiegel aufhängen, um einen Fehlbereich zu beleben, erreichen Sie nichts Gutes, solange der übrige Raum vollgestopft ist. Sie werden eher zusätzliche Probleme schaffen, weil Sie die Unordnung des Raumes und die daraus resultierenden Probleme verdoppeln. Gehen Sie gnadenlos mit Ihrer Sammlernatur um, behalten Sie nur, was Ihnen wirklich wichtig ist. Je klarer Ihre Umgebung, um so mehr Klarheit werden Sie auch im Leben finden. Je mehr Platz Sie schaffen, um so mehr Freiraum gibt es für neue Ziele und Möglichkeiten. Wenn Sie etwas verändern, gehen Sie Schritt für Schritt vor und beobachten Sie die Wirkung. Manchmal passieren seltsame Dinge. Haben Sie beispielsweise mit Vorbedacht eine Pflanze in das Feld Familie gestellt, könnte urplötzlich ein entfernter Verwandter anrufen, von dem Sie seit Jahren nichts gehört haben. Achten Sie auf solche Ereignisse, ändern Sie dann ein weiteres Detail und beobachten wieder. Ist nach einem Monat nichts geschehen, probieren Sie einen anderen Weg aus. Falls Sie jedoch im Eiltempo Ihre ganze Wohnung umkrempeln, dürfen Sie sich nicht wundern, wenn danach auch Ihr Leben Kopf steht. Gehen Sie es langsam an!

Es kommt auf die eigenen Energien an

Es gibt viele Faktoren, die die persönliche Energie eines Menschen beeinflussen. Die Ernährung; der Lebensstil; das Ausmaß an sportlicher Betätigung; erbliche Veranlagung; Persönlichkeitsmerkmale, die durch Ihr astrologisches Profil bestimmt werden; die Menschen, mit denen Sie zu tun haben; Ereignisse jenseits Ihres Einflußbereiches – und Ihre räumliche Umgebung. So gewichtig dieser letzte Faktor auch sein mag, durch Willenskraft kann man sich seinem Einfluß zumindest teilweise entziehen. Es gibt sicherlich problematische Häuser, solche nämlich, die nur nach optischen oder wirtschaftlichen Gesichtspunkten gebaut wurden und bei deren Planung niemand daran dachte, daß sich lebende Menschen darin wohl fühlen sollen. Es steht außer Frage, daß jeder Mensch ein Produkt seiner Umwelt ist. Wer sich solchen Einflüssen entziehen will, braucht viel persönliche Energie. Wer für gesunde Nahrung, erholsamen Schlaf und ein organisches, natürliches Zuhause sorgt, stärkt seine Energiereserven. Und je stärker diese sind, um so weniger können uns ungünstige Räume, unerfreuliche Ereignisse und unangenehme Mitmenschen anhaben.

Viele Wege – ein Ziel

Wenn Sie sich eingehender mit Feng Shui beschäftigen, werden Sie in vielen Büchern viele unterschiedliche Denkansätze finden. Vielleicht werden Sie sogar durch widersprüchliche Ratschläge verwirrt. Die einfachste Lösung besteht darin, sich zunächst für einen Weg zu ent-

OBEN Wasser ist ein wichtiges Symbol für Wohlstand und günstige Gelegenheiten. Holen Sie es in die Wohnung, vor allem, wenn Sie keinen Garten haben oder in einer Stadtwohnung weitab von natürlichem Wasser leben. Das Wasser sollte aber stets frisch sein – entweder durch Bewegung oder durch tägliches Wechseln. Plazieren Sie das Wasser im Feld „Wohlstand" (4); lebende Fische geben durch ihre Bewegungen der Energie zusätzliche Impulse. Der Fisch auf dem Foto würde sich allerdings in einem größeren Aquarium mit Sauerstoffzufuhr wohler fühlen.

RECHTS Wasser erfrischt auch die Luft im Raum. Das spüren Sie sogar, wenn Sie jeden Morgen die Arbeitsplatte Ihres Büroschreibtisches feucht abwischen. Außerdem wirken Sie so statischer Aufladung entgegen. Auch am Arbeitsplatz sollten Blumen in Vasen und wasserliebende Topfpflanzen nicht fehlen.

scheiden und diesen gründlich kennenzulernen, ehe Sie sich mit anderen auseinandersetzen. Feng Shui ist ein ungeheuer umfangreiches und komplexes Thema. Es gibt zahlreiche Schulen und Lehrmeinungen, aber wie die Speichen eines Rades führen alle auf das gleiche Ziel hin. Je mehr Wissen Sie sammeln, um so besser werden Sie die Grundprinzipien verstehen, die auch diesem Buch zugrunde liegen. Dann erkennen Sie auch, wie sich die unterschiedlichen Stränge des Feng Shui zu einem stimmigen Muster verweben.

Ein privater Rückzugsbereich ist heute ein Muß

Für immer mehr Menschen wird das Zuhause ein Zufluchtsort vor dem Streß des modernen Lebens, was sich in Zeitungsmeldungen über das Aggressionspotential der Welt niederschlägt, aber auch in wachsender Arbeitsbelastung und Zukunftsängsten. Der Anrufbeantworter, früher ein schlichtes Gerät zum Aufzeichnen von Nachrichten während unserer Abwesenheit, wird heute zum Schutzschild, an dem selbst die nächsten und liebsten Menschen abprallen, selbst wenn wir zu Hause sind. Wer das tägliche Leben meistern und den Zwängen jenseits seiner Einflußnahme gewachsen sein will, braucht tatsächlich einen geschützten Bereich, in dem er Kraft tanken kann. Die enge Verbindung zwischen Geist und Körper ist längst wissenschaftlich bewiesen. Dauerstreß ficht das Immunsystem an, wir werden weniger widerstandsfähig. Wenn wir verstehen, welche Elemente in unserer Umgebung sich belastend auswirken, und wenn wir dazu einen Ausgleich schaffen, bauen wir unser persönliches Refugium und tun damit viel für unsere Gesundheit.

Das Zuhause als Ort der Inspiration

Feng Shui hilft auch dabei, zu Hause einen Rahmen zu schaffen, in dem man seine individuellen Kräfte ausleben kann. Die private Umgebung ist, wie Sie nun wissen, nur der Spiegel Ihres Lebens. Schauen Sie sich um: gefällt Ihnen, was Sie sehen? Wenn nicht, dann sollten Sie etwas ändern. So einfach ist das. Sind Sie in Ihrem Beruf ins Stocken geraten, glauben Sie, Sie könnten viel mehr, als man Ihnen zutraut? Dann könnte es daran liegen, daß Sie in einer sehr kleinen, vollgestopften Wohnung leben. Statt die Lage einfach als ausweglos zu akzeptieren – keine Aufstiegschancen, kein Geld, keine Bewegungsmöglichkeiten –, verändern Sie die Energieströme in Ihrer Wohnung. Wie klein die Wohnung auch sein mag: schaffen Sie Platz. Werfen Sie überflüssige Möbel und andere Besitztümer über Bord, umgeben Sie sich mit helleren Farben, vergrößern Sie die Räume mit großen Spiegeln, holen Sie mit Pflanzen Leben in die Wohnung, hängen Sie neue Bilder mit weiten Horizonten auf. Mehr als ein bißchen Mühe ist nicht nötig, um eine Umgebung zu schaffen, die Sie neu belebt und motiviert, auch im Leben Veränderung zu wagen.

Den Schlüssel zur gelungenen Einrichtung besitzen Sie selbst

Feng Shui ist sehr persönlich. Letztlich ist es die Beziehung zu Ihrer Umgebung, in der sich Ihr Wesen spiegelt. In einer leeren Wohnung kann Feng Shui wenig ausrichten. Wer wird dort wohnen? Was wünschen sich die Bewohner? Im Grunde geht es darum, eine Ausgewogenheit zwischen dem inneren und dem äußeren Leben zu finden. Die äußerlich sichtbaren Strukturen einer Wohnung bestimmen die Strömung des Ch'i, so wie Ihre inneren Strukturen Ihre Verhaltensweisen, Gewohnheiten und Reaktionen bestimmen. Jeder von uns besitzt einige sonderbare Dinge, die nicht zu ihm zu passen scheinen. Und doch hat er sie ausgewählt, weil sie auf irgendeiner Ebene eine persönliche Reaktion ausgelöst haben. Tiefgreifende, anhaltende Veränderungen sind nur möglich, wenn wir unser „inneres Bagua" erkennen und beachten. Jede Veränderung des Bewußtseins wird auch äußerlich sichtbar. Echte Harmonie kann nur entstehen, wenn wir unser Leben von innen heraus einrichten.

Arbeitsplätze: zuerst die Wohnung, dann das Büro

Die Umgebung, in der Menschen etwa ein Drittel ihres Lebens verbringen, hat natürlich große Auswirkung auf ihr Wohlbefinden und ihre Gesundheit. Sorgen sie zuerst dafür, daß Ihr Zuhause ein Ort der Erholung ist.Und versuchen Sie auch, Ihren Arbeitsplatz so angenehm wie möglich zu gestalten. Geben Sie den Kollegen ein Beispiel, indem Sie Ihren Schreibtisch so freundlich, natürlich und anregend einrichten, wie es geht. Bringen Sie eigene Pflanzen oder Bilder mit. Veränderung ist besonders wirksam, wenn sie unten anfängt. Dann nämlich hat sie nur eine Richtung, in der sie sich entwickeln kann: nach oben.

UNTEN Jeder Mensch braucht einen Ort zum Abschalten. Das kann ein Plätzchen im Schlafzimmer oder ein spezielle Sofaecke im Wohnzimmer sein, muß aber wirklich einladend gestaltet werden. Machen Sie es sich mit Ihren Lieblingsobjekten bequem und genießen Sie jeden Moment in dieser vertrauten, geborgenen Umgebung, in der Körper und Geist Frieden und Erholung finden.

REGISTER

Fett gedruckte Seitenzahlen beziehen sich auf Abbildungen.

DANKSAGUNG

Ein besonderer Dank gebührt William Spear, der großen Anteil an meiner beruflichen Neuorientierung hat. Nachdem ich einen seiner Kurse besucht hatte, öffneten sich mir neue Perspektiven. Ohne seine liebevolle Unterstützung und seine Weisheit wäre dieses Buch niemals zustandegekommen. Ich danke auch meinem Kollegen Jan Cisek für seine Hilfe, seine klugen Vorschläge, seine Klarheit und seinen Humor, die ich als Geschenk in meinem Leben kennengelernt habe.

Dank möchte ich auch all den großartigen Lehrern aussprechen, die für die Entwicklung des FSNI so wichtig waren, vor allem aber Karen Kingston, die für mich eine Pionierin ist. Weiterhin danke ich Roger Green, Jon Sandifer, Simon Brown (und Dragana), Takashi Yoshikawa, William Bloom, Suzanne Harper, Richard Creightmore und Peter Dawkins.

Vielen Dank auch an alle Schüler des FSNI, die dazu beitragen, daß unser aller Leben ein bißchen gesünder und glücklicher wird; ebenso an meine Kollegen am FSNI für ihre Geduld und Unterstützung, ganz besonders Joanne Sharpe und Wendy Konyn, die mir den Platz zur Verfügung stellten, um dieses Buch zu schreiben, sowie an meine Assistentin Hayley Dennison, die mein Chaos ordnete und nie den Humor verlor; an alle freien Mitarbeiter des FSNI, die mich sehr unterstützt haben; an die Klienten, von denen ich viel gelernt habe; an meine liebe Freundin Annie Bradwell, die mir immer wieder Mut gemacht hat; an Dennis Fairchild, der mir über große Entfernung die Freundschaft hielt; an William Dufty, dessen großartiges Buch mein Leben und meine Gesundheit stark beeinflußt hat; an das fantastische Team von Conran Octopus für seine Hilfe und seine Geduld; an die vielen Lehrer, die ich traf, und an die Autoren der Bücher, die ich gelesen habe; und an Morel für seinen liebevollen Beistand und ein wunderbares Zuhause, in dem wir nach dem leben, was wir lehren.

Ich bedanke mich bei den folgenden Firmen für ihre Hilfe bei den Fotoproduktionen:

Clifton Nurseries, Paperchase, The Room, Mulberry, Hector Finch, Fired Earth, Osborne & Little, Jerry's Home Store, The Holding Company, Oggetti, Malabar, Designer's Guild, The General Trading Company, Donghia, Crucial Trading, Simon Horn, Highly Sprung, Muji, Snap Dragon, Colefax & Fowler, Laura Ashley, Harkin, Recline & Sprawl, Belinda Coote. Vielen Dank auch an Cinead McTernan für ihre Begeisterung.

BILDNACHWEIS

Conran Octopus dankt für die Erlaubnis zur Veröffentlichung der Fotos:
1 Hotze Eisma (Designer Marcel Wolterink); 2–3 Alexander van Berge/Elle Wonen; 4–5 Simon Brown/H&G/Robert Harding Syndication; 6–7 Bild der Frau/Camera Press; 8 Deidi van Schaewen; 8–9 Lizzie Himmel; 14 Jim Ballard/Getty Images; 15 *oben* Pat O'Hara/Getty Images; 15 *unten* Marie-Pierre Morel/ MCM; 20–21 Pat O'Hara/Getty Images; 21 Marie-Pierre Morel/ MCM; 22 Robert Harding Picture Library; 22–23 John Hall; 25 *oben* Robert Harding Picture Library; 25 *unten* Fritz von der Schulenburg/Interior Archive; 26 Robert Harding Picture Library; 26–27 Paul Ryan (Wolfgang Joop) International Interiors; 29 *links The Stock Market; 29 rechts* Gilles de Chabaneix/Catherine Ardouin/MCM; 30 *oben* David Jeffrey/ The Image Bank; 30 *unten* Ianthe Ruthven (Hodgson House, New Hampshire); 33 *oben* Charles Wackler/The Image Bank; 33 *unten* André Martin/MCM; 34 Rob Crandall/Planet Earth Pictures; 34–35 Marie-Pierre Morel/Catherine Ardouin/ MCM; 36 Jody Dole/The Image Bank; 37 Jean-François Jaussaud; 38 C. Simon Sykes/Interior Archive; 39 Simon Upton/ H&G/Robert Harding Picture Library; 42 Paul Ryan (Kim Haistater)/International Interiors; 43 *unten* Paul Ryan(John Saladino)/International Interiors; 44 *oben* Christian Sarramon (Olivier Gagneres, Paris); 44 *unten* Tim Beddow/Interior Archive; 45 *links* Janos Grapow; 45 *oben rechts* Bild der Frau/Camera Press; 45 *unten rechts* Paul Ryan (Brookes Buston)/International Interiors; 46 Chris Meads; 47 *oben* Chris Drake/Country Homes & Interiors/ Robert Harding Syndication; 47 *Mitte* Nadia Mackenzie; 47 *unten* Gilles de Chabaneix/Marie Kalt/MCM; 49 *links* Tom Leighton/ Country Homes & Interiors/Syndication; 49 *oben rechts* Tom Leighton/H&G Syndication; 49 *unten rechts* Deidi von Schaewen (Trapp)/World of Interiors; 50–51 Paul Ryan (Piet Boon)/ International Interiors; 51 *oben rechts* Christian Sarramon; 51 *unten rechts* Ray Main; 52 *unten links* Marie-Pierre Morel/ Christine Puech/MCM; 52–53 Simon Brown (mit frdl. Genehmigung von Neal Street East); 54 *oben* Paul Ryan (Jack Lenor Larsen)/ International Interiors; 54 *unten* Jacques Dirand/Interior Archive; 55 *oben* Marie-Pierre Morel/Catherine Ardouin/ MCM; 55 *unten* Simon Brown/Interior Archive; 56 *links* Fritz von der Schulenburg/Interior Archive; 56 *rechts* Jacques Dirand/ Interior Archive; 57 Tim Beddow/Interior Archive; 58 C. Simon Sykes/Interior Archive; 59 *oben links* Simon Upton/Interior Archive; 59 *oben rechts* Tim Beddow/Interior Archive; 59 *unten* Simon Upton/Interior Archive; 60 *links* Henry Wilson/ Interior Archive; 60–61 Fritz von der Schulenburg/Interior Archive; 62 *oben* Wulf Brackrock; 62 *unten* Paul Ryan (Kristina Ratia)/International Interiors; 64 *oben links* Marie-Pierre Morel/Christine Puech/MCM; 64–65 Paul Ryan (J. Balasz)/ International Interiors; 65 *rechts* Simon Upton/Interior Archive; 66 *oben* Micheal Crockett/Elizabeth Whiting & Associates; 66 *unten links* Fritz von der Schulenburg/ Interior Archive; 66–67 Pieter Estersowm/Lacha Pelle (Representation); 68–69 Karl-Dietrich Buhler/Elizabeth Whiting & Associates; 69 Mark Darley/Esto; 70 *oben links* Andreas von Einsiedel/Country Homes & Interiors/Robert Harding Syndication; 70 *unten links* Andreas von Einsiedel/ Country Homes & Interiors/Robert Harding Syndication; 70 *rechts* Ariadne/VNU/Holland; 71 Polly Wreford/Country Homes & Interiors/Robert Harding Syndication; 72–73 Ted Yarwood; 73 *oben* Paul Ryan (Sam Blount)/International Interiors; 73 *unten* Simon Brown/Interior Archive; 74 *links* Peter Aaron/Esto; 74 *oben rechts* Richard Felber; 74 *unten rechts* Ted Yarwood; 75 Thibault Jeanson (Didier Gomez, Paris)/ Inside; 76 *oben links* Alexander van Berge; 76 *oben rechts* Paul Ryan (James Gager)/International Interiors; 76 *unten* Paul Ryan (Charles Rutherford)/International Interiors; 77 Marie-Pierre Morel/MCM; 80–81 Scott Frances/Esto; 88 Jonathon Pilkington/International Archive; 89 *links* Jonathon Pilkington/Country Homes & Interiors/Robert Harding Syndication; 89 *rechts* The Stock Market; 90–91 Richard Felber; 100 *links* Thibault Jeanson (Maison Lawrence, USA)/Inside; 100–101 Richard Felber; 101 Wulf Brackrock; 102–103 Jan Baldwin /H&G/Robert Harding Syndication; 108 *oben* Marianne Majerus/ Country Homes & Interiors/Robert Harding Syndication; 108 *unten links* Geoffrey Frosh/H&G/Robert Harding Syndication; 108 *unten rechts* Brigitte/Camera Press; 109 Tim Beddow/Interior Archive; 110–111 Paul Warchol; 120–121 Eric Morin; 121 *oben rechts* Tim Beddow/Interior Archive; 121 *unten* Richard Felber; 122–123 Simon Upton (mit frdl. Genehmigung von Keith Skeel)/World of Interiors; 128 Joshua Greene; 128–128 Schöner Wohnen/Camera Press; 129 *rechts* Schöner Wohnen/Camera Press; 130–131 Wayne Vincent (Lesley Saddington)/Interior Archive; 140 *oben* Schöner Wohnen/Camera Press; 140–141 Fair Lady/Camera Press; 141 *oben rechts* Living/Camera Press; 141 *unten rechts* Schöner Wohnen/Camera Press; 142 Andreas von Einsiedel/Elizabeth Whiting & Associates; 152 VT Wonen/VNU /Holland; 153 *oben* Bild der Frau/Camera Press; 153 *unten* C. Simon Sykes/Interior Archive; 154 Polly Wreford/H&G/ Robert Harding Syndication; 155 Simon Upton (Anne Boyd)/ Interior Archive; 156 Alexander Bailhache/Christine Puech/ MCM; 157 Joshua Greene.

Alle anderen Fotos wurden im Auftrag von Conran Octopus von Bill Batten aufgenommen.

Der Herausgeber hat sich bemüht, die Urheber aller Fotos ausfindig zu machen. Sollte trotzdem unbeabsichtigt ein Fotograf nicht genannt worden sein, würden wir uns über einen Hinweis freuen und werden ihn gern in folgende Ausgaben aufnehmen.